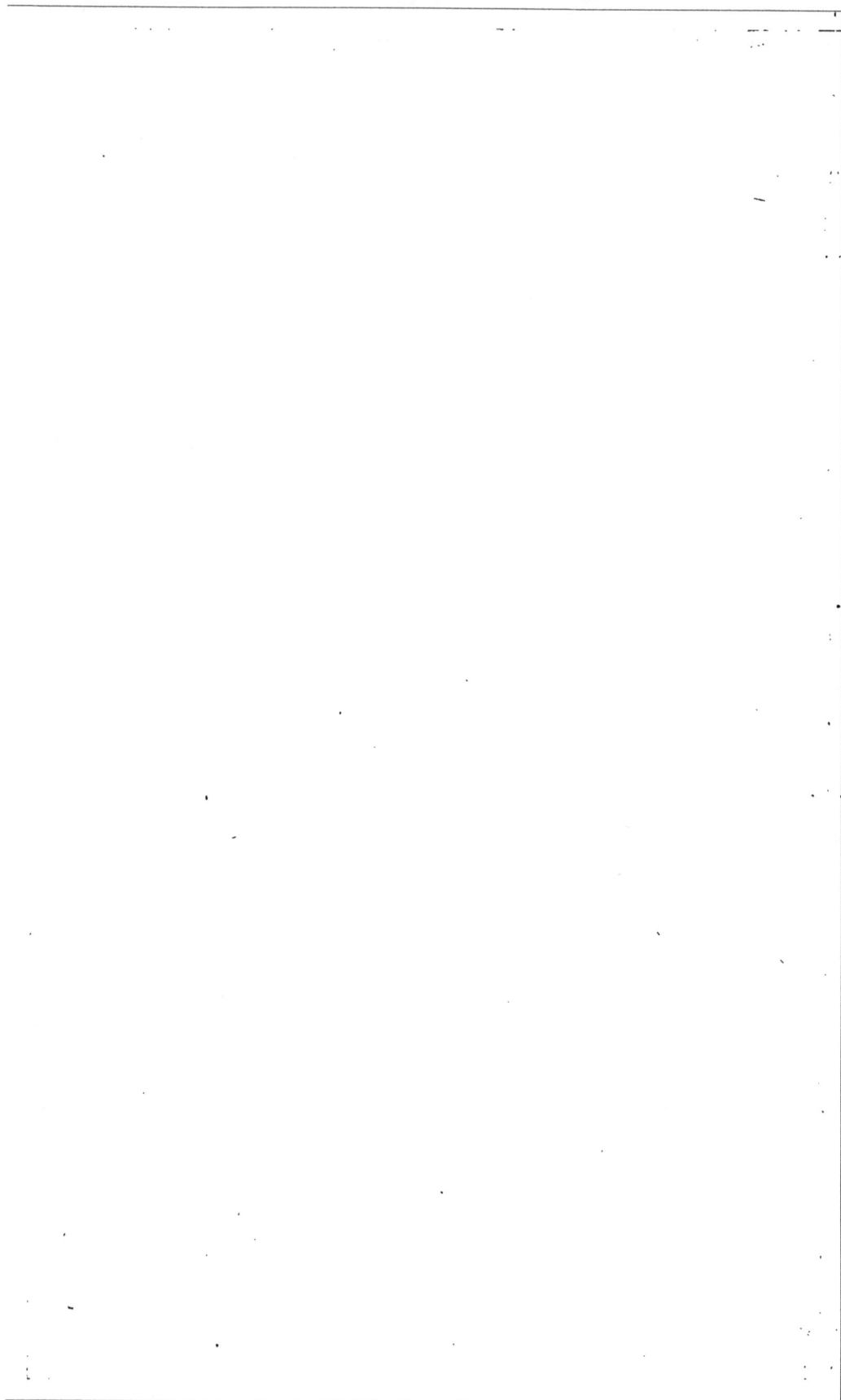

LA PROVINCE

AU

SIÉGE DE PARIS

Paris. — Imprimerie de J. DUMAINE, rue Christine, 2.

LA PROVINCE

AU

SIÉGE DE PARIS

GARDE MOBILE DU TARN

PAR

ED. FUZIER-HERMAN

LIEUTENANT AU RÉGIMENT

PARIS
LIBRAIRIE MILITAIRE DE J. DUMAINE
LIBRAIRE-ÉDITEUR
Rue et Passage Dauphine, 30

—

1871

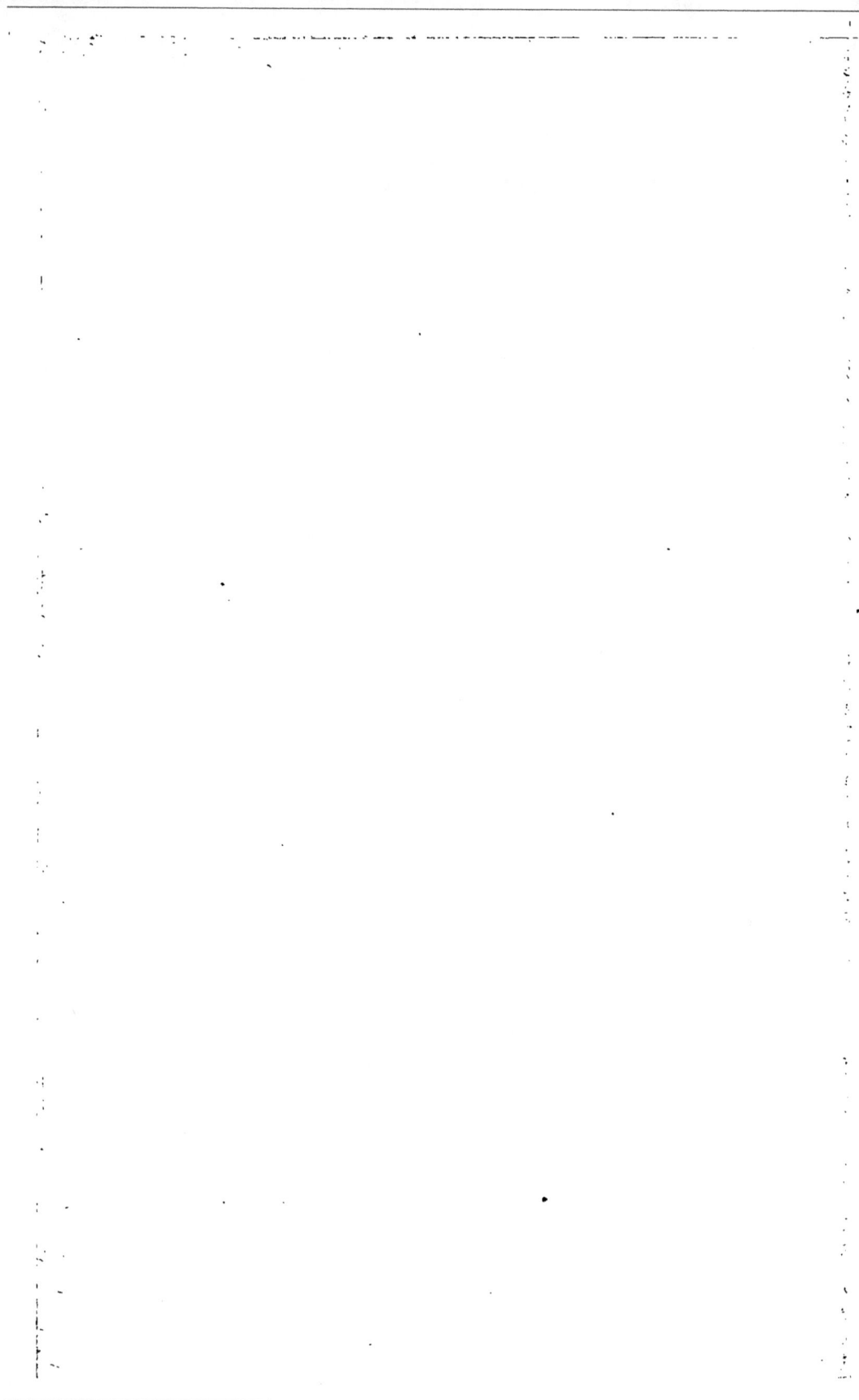

En publiant ce petit livre, j'ai voulu
mettre à la disposition de chacun de mes
excellents camarades de la Mobile du Tarn
une sorte de *memento* où ils pourront re-
trouver, sans peine et presque jour par
jour, les divers incidents qui ont marqué
la tâche honorable accomplie par le régiment dans le cours de la campagne.

Si quelques personnes dans le public
jetaient les yeux sur les pages qui suivent,
elles ne devraient y chercher ni un travail
savant, ni des réflexions bien profondes,
ni même des idées originales ou élégam-

ment présentées; elles y trouveraient seulement des détails d'une exactitude scrupuleuse. Ces détails, sans offrir peut-être, par eux-mêmes, un intérêt de premier ordre, pourraient, je le crois, être d'une certaine utilité pour les écrivains qui entreprendront l'œuvre difficile de raconter le siége de Paris, et même pour les hommes curieux de connaître complétement cette période à la fois triste et glorieuse de notre histoire.

Le régiment du Tarn n'est pas de ceux qui ont été le plus brillamment engagés; il est, à coup sûr, de ceux qui ont eu à fournir l'effort le plus constant pendant toute la guerre.

Continuellement placé aux avant-postes, il a beaucoup souffert; il a reçu des témoignages qui l'ont hautement distingué dans l'armée de Paris, et nous pouvons dire, nous autres, Mobiles du 7e régiment, sans nous laisser entraîner hors de mesure par « l'esprit de corps », qu'il a bien mérité du Pays.

Il avait, du reste, une grande réputation à soutenir; le 7° régiment mobile est le propre petit-fils de l'immortelle 32ᵉ demi-brigade, recrutée exclusivement par des contingents tarnais.

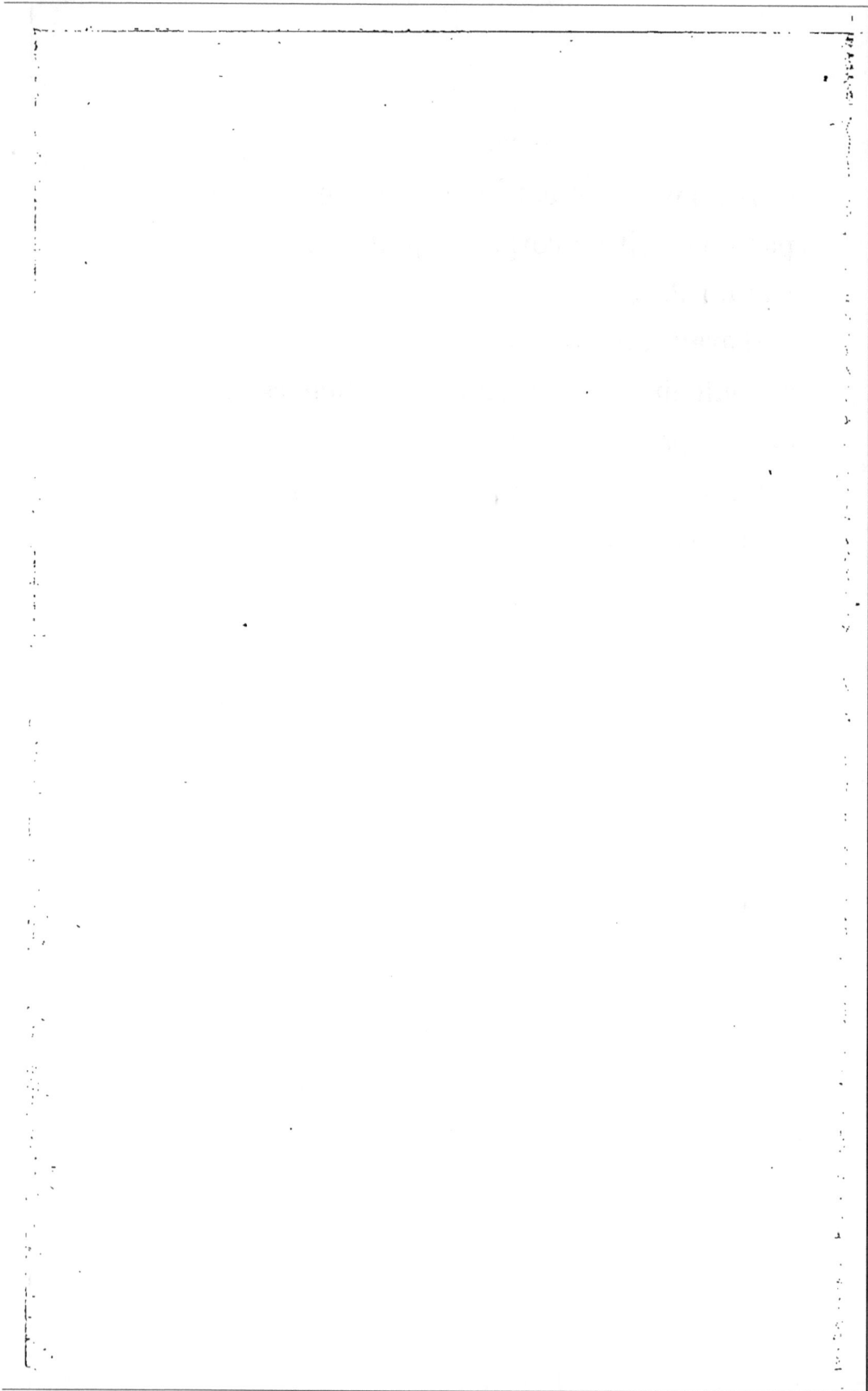

I

La loi du 1ᵉʳ février 1868, dans la partie qui concerne la garde mobile, ne reçut d'application immédiate qu'à Paris où les cadres de quelques bataillons furent rapidement constitués ; au commencement de la guerre, les dix-huit bataillons de la Seine étaient formés et possédaient un commencement d'instruction militaire suffisant pour qu'à la nouvelle de nos premiers insuccès, on pût les envoyer former au camp de Châlons une réserve numériquement importante. Ils rentrèrent tous à Paris avec le 13ᵉ corps commandé par le général Vinoy, après le désastre de Sedan.

1.

En province, la mort du maréchal Niel avait arrêté la continuation de son œuvre. L'institution même de la mobile avait été, de la part de la gauche du Corps législatif, l'objet d'une vive résistance. Aux élections de 1869, les « neuf ans de service » passés à l'état d'épouvantail, avaient été exploités dans mainte profession de foi ; le maréchal Lebœuf, recueilli et poussé aux affaires par le mouvement parlementaire, avait dédaigneusement laissé dans le vieux bagage de l'Empire autoritaire cette garde mobile dont la formation aurait pu devenir pour le jeune et malheureux ministère du 2 janvier le prétexte d'une opposition ardente sinon fondée.

Les événements hélas ! ont cruellement démontré l'imprudence des uns et des autres. Le major-général de l'armée du Rhin a dû songer, en voyant nos malheurs précipiter sur sa tête un monceau de responsabilités, à cette réserve puissante qu'il avait pu et n'avait pas voulu organiser. Et peut-être les hommes de la gauche, lorsqu'ils eurent pris la direction de la résistance nationale, se sont-ils souvenus avec une tristesse voisine du remords que s'ils n'avaient pas à opposer à l'invasion une France armée, disciplinée et militarisée de longue date, ils portaient et le pays portait avec eux le poids de l'opposition aigre, verbeuse, partiale qui a été sous l'Empire leur trop constante ligne de conduite.

Quoi qu'il en soit, le Tarn est un des premiers départements où le ministère Palikao ait organisé la garde mobile. Les quatre arrondissements devaient fournir trois bataillons à huit compagnies, d'après une répartition provisoire qui a paru au *Bulletin des lois* et qui faisait entrer l'arrondissement d'Albi, avec les cantons de Cordes et Vaour, dans le premier bataillon, l'arrondissement de Castres dans le deuxième et l'arrondissement de Lavaur, ainsi que six cantons de Gaillac, dans le troisième. La loi du 10 août 1870 déclarant les commandements de la garde mobile compatibles avec le mandat législatif, fut promptement suivie de la nomination de plusieurs députés au grade de chef de bataillon; entre autres, M. le baron

Reille, député du Tarn, fut placé à la tête du deuxième bataillon de ce département. Capitaine d'état-major ayant à peine quitté l'épaulette et chevalier de la Légion d'honneur, M. Reille réunissait les principales qualités à rechercher, surtout à la création, chez les chefs de la mobile, c'est-à-dire les antécédents militaires et la grande situation locale. Le personnel des officiers fut bientôt complété, le premier bataillon fut confié à M. Terson de Paleville, ancien commandant d'infanterie, officier de la Légion d'honneur, qui apportait à la création de la mobile le concours d'une longue expérience et un dévouement incontesté. M. Faure eut le commandement du troisième bataillon. Entré dans l'armée par l'École de Saint-Cyr, il en était sorti tout jeune avec l'épaulette de lieutenant et une croix qu'il avait gagnée à Solférino, par un trait de bravoure et au prix de son sang. Enfin, les trois bataillons du Tarn furent enrégimentés avec le n° 7 (la Seine fournissait les six premiers régiments) et M. Reille, promu au grade de lieutenant-colonel comman-

dant, eut pour successeur au deuxième bataillon un membre d'une des familles les plus
honorées du pays, M. le vicomte de Foucaud
d'Aure, ancien élève de Saint-Cyr et officier de
cavalerie.

Pour les autres emplois d'officiers, l'autorité
militaire trouva un recrutement facile parmi
les officiers démissionnaires qui se disputaient
l'honneur de conduire au devoir leurs jeunes
compatriotes, parmi les appelés mêmes de la
loi de 1868, et enfin parmi les volontaires que
fournirent, dès lors, dans notre département,
toutes les classes de la société.

C'est le 20 août 1870, à Albi, dans une salle
de la préfecture, que tous les officiers du régiment se trouvèrent pour la première fois réunis
et mis en possession des contrôles du contin-
gent mobile dressés préalablement par le capi-
taine-major. A partir de ce moment et grâce
au zèle de chacun, le travail si multiple, si difficile, si minutieux de l'organisation d'une troupe
avec des éléments complétement neufs fut mené
rapidement.

Pour combler l'intervalle immense qui sépare
une bande de conscrits d'un régiment prêt à
marcher, il fallait en peu de temps constituer
les cadres des compagnies, établir les bases de
la comptabilité, habiller, équiper, armer et
instruire les hommes.

Les nominations des sous-officiers et caporaux dans les bataillons se trouvèrent coïncider,
comme date, avec l'appel sous les drapeaux des
anciens militaires de 25 à 35 ans; une tolé-
rance dont les bons effets ont été frappants pendant notre période de formation, permettait aux
hommes de cette catégorie d'entrer comme in-
structeurs dans la mobile au lieu de rejoindre
leur ancien corps. En retenant ainsi un assez
grand nombre de sergents, caporaux et soldats
dans les rangs de la mobile du Tarn, l'autorité
militaire assura au corps les éléments d'une
rapide instruction, sans cependant s'interdire
de prendre des sous-officiers parmi les appelés
et de conserver ainsi à la mobile, à tous les
degrés, son véritable caractère.

Le nombre des jeunes gens inscrits dans le

département n'était pas moindre de 6,000.
Défalcation faite des inaptitudes physiques, des
exemptions ou dispenses légales et des sou-
tiens de famille, il restait 4,300 hommes, ce
qui donne pour chaque compagnie le chiffre
considérable de 179 hommes.

Les compagnies furent réunies dans les chefs-
lieux d'arrondissement, adoptés comme centres
d'instruction. C'est là que, jusqu'au départ pour
Paris, les gardes mobiles furent habillés, équi-
pés, armés et apprirent les éléments de l'exer-
cice et des manœuvres. Logés en partie dans
les édifices publics, en partie chez l'habitant,
ils puisaient dans des réunions fréquentes et
dans le contact incessant de leurs officiers ces
habitudes de discipline qui ont fait, pendant
tout le cours de la campagne, leur force et
leur honneur.

L'habillement et le premier équipement sont
dûs exclusivement à l'industrie locale. Les va-
reuses en molleton, notre premier uniforme,
sortaient des grandes manufactures de Maza-
met et de Castres, les képis étaient fournis par

des maisons d'Albi et de Gaillac, les blouses à pattes rouges qui donnaient dans le principe à la mobile de province un aspect si pittoresque, étaient confectionnées dans tous les ateliers et dans tous les ouvroirs. En peu de temps, bien avant le départ, un véritable tour de force avait été accompli ; le régiment réunissait, après quelques jours de formation, les conditions matérielles indispensables pour sa mise en route ; ce résultat, il convient de le rappeler ici, est dû en grande partie au concours de l'administration départementale, chargée de seconder pour tous ces détails l'autorité militaire et représentée alors par un préfet aussi estimé que sympathique, M. Locré.

Le premier armement du régiment, opéré sur les lieux, consistait en fusils modèle 1843 rayés.

En exécution d'une circulaire ministérielle relative à la mobile et qui a dû être appliquée partout, les trois bataillons du Tarn furent formés en bataillons de guerre à sept compagnies d'un effectif maximum de 168 hommes.

Quant aux huitièmes compagnies, elles reçurent l'excédant de chaque bataillon constitué en majorité des hommes mariés ou dont la situation de famille était plus particulièrement intéressante et aussi de ceux dont l'instruction était insuffisante. Ces trois compagnies, commandées par d'anciens capitaines de l'armée, furent rassemblées à Albi pour y former un dépôt que les événements ont appelé depuis à prendre dans la guerre une part très-active (armée de l'Est).

Le régiment avait déjà reçu, par l'intermédiaire de ses chefs, avis de son prochain appel à l'activité, lorsque le pays apprit presqu'à la fois la catastrophe de Sedan et le coup de main du 4 septembre. La première de ces nouvelles provoqua une grande douleur sans ébranler les courages ; la seconde passa presqu'inaperçue, tous les yeux étaient fixés sur la grande image de la France en deuil et non sur les agitations politiques de Paris.

Quand le gouvernement de la défense nationale, cédant jusqu'au bout au courant qui

venait de le mener au pouvoir, eût suffisamment gratté les écussons des monuments, et
fait écrire sur toutes les façades : « Liberté,
Égalité, Fraternité. — République une et indi-
visible ; » quand il eût dissous les Chambres,
révoqué et remplacé les fonctionnaires, fouillé
les alcôves impériales et les correspondances
privées ; il songea aux armées prussiennes qui
menaçaient déjà le cœur du pays ; les avocats
laissèrent un peu faire les généraux, n'ayant
pas encore osé usurper même les aptitudes
professionnelles.

Le régiment, en ce qui le concerne, reçut le
8 septembre, par le télégraphe, l'ordre de départ pour la direction de Paris. Trois trains
gigantesques emmenaient 3,600 jeunes gens
loin de leurs montagnes, que quelques-uns ne
devaient plus revoir, et dont tous devaient
pendant cinq mois ne pas recevoir de nouvelles.
Nous arrivâmes jusqu'à Paris, n'ayant eu en
route aucun ordre de changement de direction.
Nous faisions partie des 80,000 mobiles que la
défense a réduits à des efforts inutiles, lors-

qu'ils auraient pu former en province le noyau vraiment solide d'une armée de secours.

Le voyage avait été extrêmement pénible et avait duré plus de quarante-huit heures ; ce n'est que le 10 septembre au soir que le régiment débarqua, drapeau en tête, dans la gare du chemin de fer d'Orléans ; les hommes étaient harassés de fatigue. L'administration militaire n'avait pas pourvu à leur logement. On eut pour toute couche le pavé de la grande cour de la gare. Cette petite épreuve était peu de chose à côté des souffrances que l'avenir réservait aux gardes mobiles du Tarn, mais c'était pour nous le premier exemple du désordre, de l'imprévoyance qui ont compliqué si tristement la guerre et paralysé dans une si large mesure les efforts les plus honorables et les tentatives les plus généreuses.

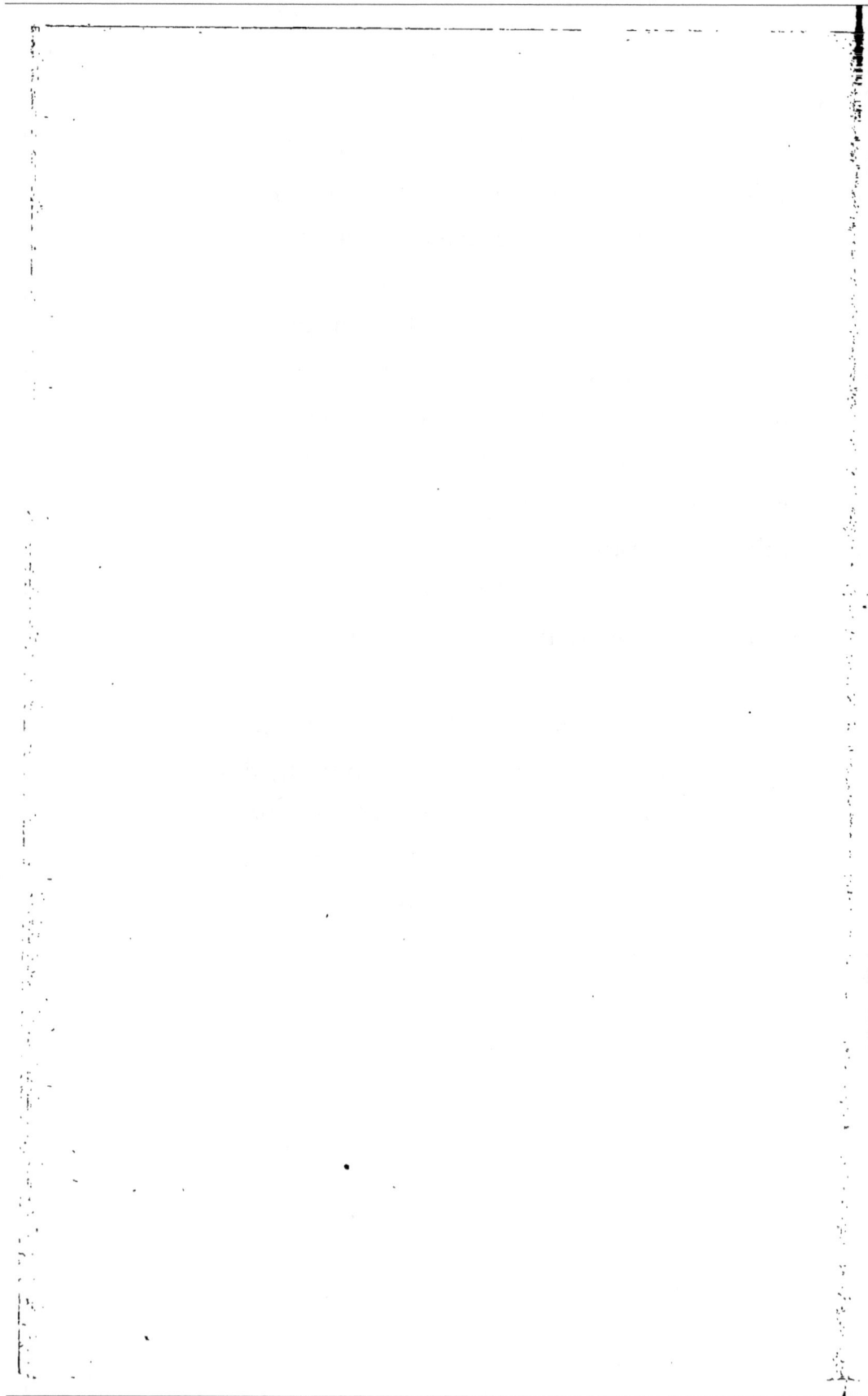

II

Arrivés à Paris le 10 septembre, nous apprenions, le 14, que l'investissement de la capitale, considéré jusqu'au dernier moment comme théoriquement impossible, était pratiquement accompli et que nous étions désormais isolés par une barrière, hélas! infranchissable, de toute communication avec nos familles et notre pays.

La garde mobile de province avait été répartie en quatre divisions répondant à des cantonnements fixés d'avance. Le Tarn fut versé dans la division Corréard, dont le quar-

tier général était au palais du Luxembourg ;
les trois bataillons furent logés chez l'habitant, dans les quartiers de l'Odéon et de
l'Institut, avec la rue de Médicis et la place
Mazarine pour points de réunion, et l'es-
planade des Invalides pour champ de manœuvres.

Le court séjour dans l'intérieur des fortifications fut absorbé par des exercices multipliés,
par le changement de l'ancien armement contre
des chassepots qu'il fallut aller chercher au
Mont-Valérien, et par des distributions encore
fort incomplètes d'effets d'équipement. La mobile du Tarn eut aussi à participer, pendant
plusieurs nuits, entre les portes de Choisy et
d'Ivry, à cette anodine « garde des remparts »,
qui a fait, pendant toute la durée du siége,
l'amusement des gardes nationaux sédentaires
et la tranquillité de leurs familles. Les mobiles
du Tarn assistèrent enfin, avec leurs camarades des autres départements, à l'imposante
et pittoresque revue du 13 septembre, dans
laquelle le général Trochu avait réuni les ba-

taillons mobiles qui venaient d'arriver à Paris ; tous, depuis les Bourguignons au visage ouvert, à la stature puissante, jusqu'aux énergiques petits Bretons, avaient conservé, dans leur accoutrement, dans leur démarche, une « couleur locale » bien tranchée ; c'était vraiment, en chair et en os et dans sa diversité, la province accourant de toutes les directions au secours de la capitale et à la défense de la patrie. Soldats d'occasion, conservant par leur formation même leur nationalité départementale très-distincte, ils venaient soutenir sous les murs de Paris l'honneur de leur clocher.

C'est pendant la même période, à la date du 19 septembre, que se fit le renouvellement des cadres d'officiers de la garde mobile par la voie de l'élection. Cette mesure, on le sait, avait été arrachée au gouvernement par M. Gambetta, qui n'en était encore qu'à son coup d'essai en fait de désorganisation. Les « considérants » du décret ne dissimulaient nullement, d'ailleurs, qu'il s'agissait beaucoup plus de satisfaire une rancune politique que d'obtenir une amélioration quelconque dans le personnel d'officiers. Quant au système en lui-même, il est jugé sévèrement et par le bon sens sincère et par la pratique ancienne et actuelle. Acceptable sinon excellent pour une milice sédentaire ou pour des corps francs qui agissent en dehors des lois ordinaires de la discipline, il ne peut que produire des résultats funestes s'il est appliqué à des troupes régulières et actives. Par l'élection des chefs, le sentiment du respect hiérarchique, c'est-à-dire le fondement de toute bonne organisation de troupe, est ébranlé; les choix résultent de considérations le plus souvent étrangères au bien du service, les bons serviteurs sont découragés par l'absence de tout avancement régulier : car, pour qui observe les choses de près, l'élection est de tous les modes de nomination aux grades celui qui réunit le moins de présomptions de justice ; c'est à coup sûr le moins égalitaire, parce qu'il restreint singulièrement les chances que doit avoir le mérite de trouver sa récompense. Le principe de l'élection verse dans les compagnies un esprit d'intrigue et de mutinerie déplorable ; et enfin, détail pratique d'une grande importance, en mettant un obstacle absolu aux mutations et au roulement des officiers dans le corps, il s'oppose à ce que les emplois soient répartis suivant les aptitudes individuelles qui ne peuvent ainsi être employées de la façon la plus utile.

Les bataillons du Tarn, quoique vivement travaillés à ce moment par des influences même extérieures, votèrent, à quelques exceptions près, pour leurs anciens chefs. La perte la plus regrettable que fit en ce moment le régiment fut M. de Paleville, commandant du 1er bataillon, dont l'autorité militaire s'empressa d'utiliser la disponibilité en le replaçant à la tête d'un bataillon d'infanterie de ligne.

Il fallut deux mois pour que le Gouvernement prît sur lui de revenir aux principes ; il ne le fit que graduellement, comme s'il eût voulu dissimuler sa hardiesse ; il décida d'abord que les avancements par élection ne pourraient porter que sur des candidats déjà pourvus du grade inférieur, puis la nomination fut donnée au ministre, mais seulement pour des vacances résultant de faits de guerre; enfin, le Gouvernement, profitant sans doute de l'absence de M. Gambetta, qui était allé à travers les nues exercer ailleurs et sur une autrement vaste échelle ses talents révolutionnaires, en arriva à traiter la mobile comme dans le principe, c'est-à-dire comme l'armée, avec cette différence toutefois que le droit de révocation (dont il a largement usé sur l'ensemble de la mobile), lui permettait de détruire les résultats trop excessifs de l'élection.

Dans la mobile du Tarn, après le premier moment d'émotion, l'esprit de discipline s'était relevé et, en fait, l'avancement à l'élection y a, par la suite, été constamment hiérarchique.

Peu de temps après la première affaire de Châtillon, qui fut l'émouvant début des opérations militaires sous Paris, la mobile du Tarn était appelée à prendre à la guerre une part active. Le lieutenant-colonel Reille recevait le commandement supérieur des positions de Montreuil-Tilmont, qu'il occupait, avec son régiment, le 23 septembre. La campagne commençait en fait pour nous.

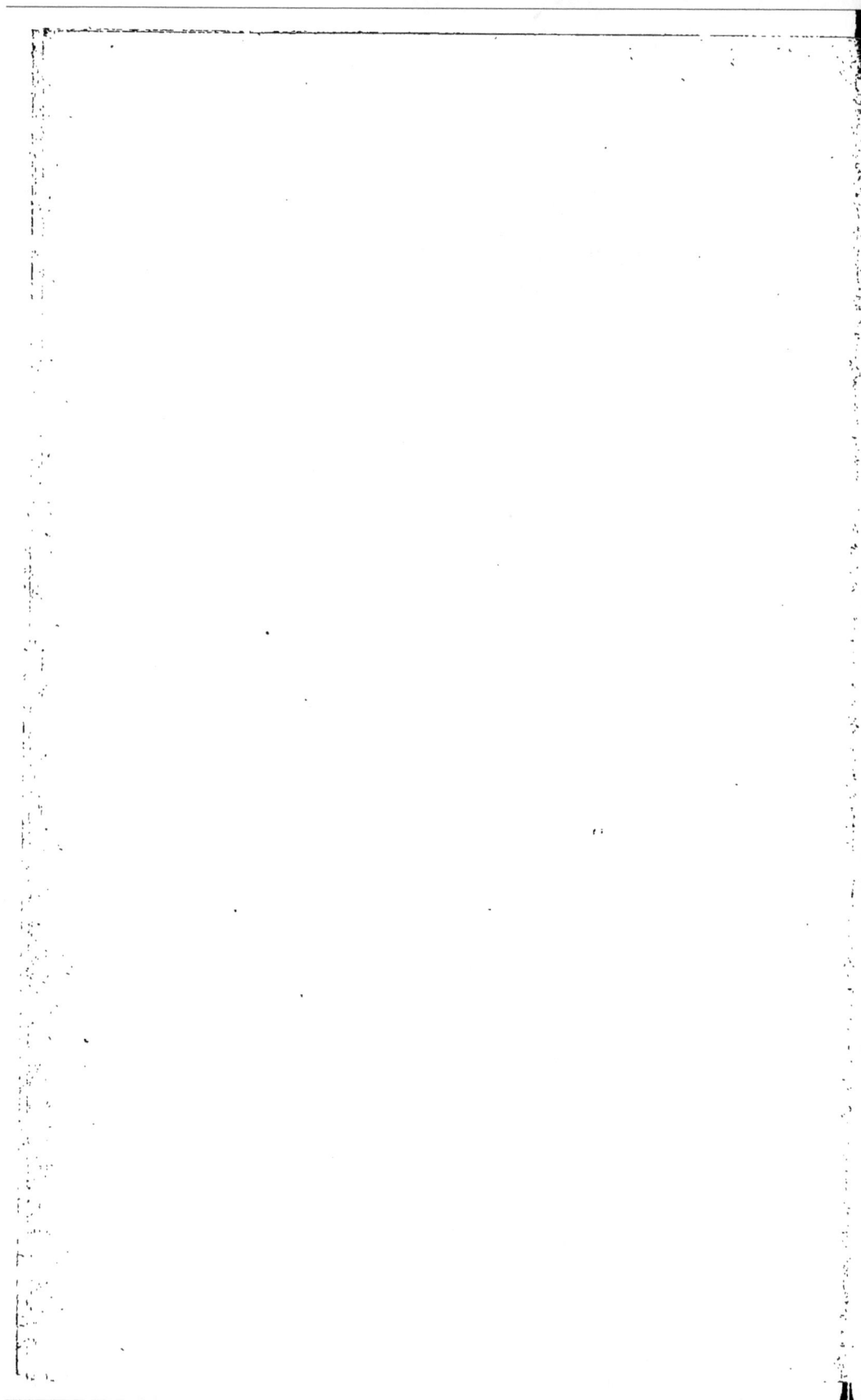

III

Le village de Montreuil, qui doit à ses pêches une célébrité européenne, est situé à l'Est de Paris, en avant de Bagnolet, et environ à trois kilomètres du rempart ; il tire son importance militaire du plateau de l'Épine, où était établie la capsulerie de guerre , et de sa position à l'égard des principaux forts et des plus solides redoutes de l'Est.

Ce plateau de l'Épine, terminé par des carrières à pentes abruptes du côté de Paris et de Bagnolet, a une altitude supérieure à celle des Buttes-Chaumont ; il domine une portion notable de la capitale et un grand développement

2.

des fortifications ; dans l'hypothèse très-plau-
sible où le siége aurait été mené par l'assié-
geant d'une façon active et pressante, la conquête (difficile à coup sûr) de cette position
aurait donc été du plus grand intérêt, en per-
mettant à l'ennemi de battre d'une façon terri-
blement efficace la ville et les murs. Il fait partie d'un massif comprenant les hauteurs de
Malassise, de Tilmont, les pentes de Fontenay
et qui est entouré d'une véritable ceinture de
feu formée par les forts de Romainville,
Noisy, Rosny, Nogent, Vincennes, les redoutes
de Noisy, de Montreuil, de la Boissière et de
la Faisanderie. Le village même de Montreuil
s'étend au pied du plateau de l'Épine dans les
inflexions de terrain par lesquelles il est relié à
Tilmont et au reste du massif qui est de nature alternativement calcaire et argileuse. La
principale industrie locale a donné à cette
agglomération, comme à celle de Bagnolet, un
caractère particulier. Les murs à espaliers ont
été multipliés autant que possible ; ils décou-
pent les jardins du village en une multitude

de compartiments assez irréguliers et forment, avec les maisons, un enchevêtrement plus gênant pour le promeneur que pittoresque; mais on comprend facilement combien une semblable disposition est favorable pour la défense d'un village.

Si bien placés que fussent Montreuil et l'Épine en arrière des forts, ces positions n'étaient pas protégées par eux d'une manière absolue. Le plateau de Tilmont, qui s'élève entre les forts de Rosny et de Nogent, en face le formidable plateau d'Avron, a fait partie pendant longtemps de notre première ligne et n'était couvert en avant que par des grand'gardes. Or il est rattaché à la plaine par trois gorges étroites en partie boisées et défilées sur presque toute leur longueur du canon de Nogent et de Rosny. L'ennemi, dans une surprise vigoureusement menée, pouvait, après avoir franchi le chemin de fer de l'Est, s'engager dans ces gorges, qui sont très-praticables, et s'installer, sans éprouver d'autre résistance que celle de l'infanterie à découvert, sur le pla-

teau de Tilmont ; il aurait trouvé, sur le revers,
du côté de Montreuil, des emplacements de
batteries mal vus des forts et aurait pu menacer
de là Montreuil, l'Épine et la plaine de Vincennes.

La disposition des lieux bien étudiée indi-
quait donc comme plan de défense de couvrir
la trouée de Tilmont et de fortifier puissamment
l'Épine et Montreuil, pour en former avec les
forts et les redoutes une masse compacte qu'on
pouvait rendre presque inexpugnable. C'est en
effet le plan dont l'exécution fut commencée dès
l'arrivée du lieutenant-colonel Reille ; le 7e mobile a pris à ces travaux une part assez grande
pour que nous nous y arrêtions un instant. Il
est d'ailleurs permis de croire qu'ils n'ont pas
été inutiles, qu'ils ont eu leur influence dans la
conduite du siége et je n'en veux pour preuve
que le témoignage même de nos ennemis ; un
de leurs journaux les mieux informés s'exprime
sur ce point dans les termes suivants :

« Il y a quelque temps, nous avons affirmé
à cette place que c'était le côté Est qui, en

réalité, était le point le plus faible de l'enceinte de la capitale, parce que les hauteurs de Montreuil et Romainville forment une position militaire qui domine la partie la plus populeuse de la ville qui s'étend au pied. Mais *l'art des ingénieurs* a su si bien défendre par des travaux additionnels cette partie évidemment la plus accessible à l'ennemi venant de l'Est, qu'on doit maintenant la considérer comme la partie la plus forte de Paris. » (*Gazette de Silésie*, reproduite par la *Nouvelle Gazette de Prusse*, du 3 décembre).

Néanmoins, le souvenir de ces travaux qui ont été faits ramène tristement la pensée à ceux qui auraient dû être faits. Si, dans les débuts du siége, les assiégés avaient déployé partout et surtout en avant des forts la même activité, n'est-il pas permis de croire que le cercle d'investissement ne se serait pas serré au point de nous étouffer ? Bien avant d'avoir une armée, on avait des travailleurs et on a toujours eu assez de soldats pour protéger des travaux successifs et prudents et pour bouleverser les travaux ennemis. Malheureusement, le système suivi a été tout différent ; ainsi, plus tard, lorsque le plateau d'Avron eût été occupé par nos troupes, on y a passé trois semaines sans remuer de terre, et nos canons et nos régiments se sont trouvés un jour exposés, sur un terrain découvert, à un bombardement insoutenable et dont on semblait n'avoir pas prévu la possibilité. Le plateau de la Bergerie, lui aussi, dont la conquête éphémère nous a coûté si cher, aurait été pour les Français une citadelle avancée précieuse et constamment protégée par les feux du Mont-Valérien.

Ces regrets sont peut-être puérils, la navrante impression de la solution finale les aigrit peut-être jusqu'à l'injustice ; mais ils existent dans le public, dans le public intelligent, et c'est aux hommes qui se sont partagé la direction de la défense de Paris à démontrer au public que ces regrets ne sont pas fondés.

A notre arrivée, le plateau de l'Épine était occupé simplement par un détachement de chasseurs à pied, formés de dépôts mobilisés et ne comprenant pas moins de 830 hommes, presque tous recrues, commandés seulement par cinq officiers. Cette troupe était campée autour de la Capsulerie et avait commencé sur les contre-forts du plateau quelques travaux en terre. Elle resta jusque vers le 20 octobre sous le commandement du lieutenant-colonel Reille, qui amenait, outre les trois bataillons du Tarn, un peloton de spahis d'Oran. Ces brillants cavaliers ont été pendant toute la durée de la campagne nos auxiliaires et nos compagnons d'armes; ils ont éclairé nos reconnaissances, et, dans maintes circonstances, utilement appuyé nos colonnes et nos détachements. Les montagnards du Tarn et les fils du désert ont appris à s'estimer sous le feu de l'ennemi commun. L'officier distingué qui les commande, M. le sous-lieutenant Bailly, a su se faire des amis de tous ses camarades de la mobile.

Mettre toutes ces positions de Montreuil, de l'Épine, de Tilmont en état de sérieuse défense, pourvoir entre les forts de Rosny et

Nogent au service de grand'garde, étudier par des reconnaissances fréquentes les dispositions de l'ennemi sur un front étendu, telle était la tâche assignée au lieutenant – colonel Reille lorsqu'il avait été investi d'un commandement supérieur relevant directement· et exclusivement du gouverneur de Paris.

Il fallait, pour suffire à tout, un effectif assez nombreux, et, le 28 septembre, arrivait à Montreuil le 2ᵉ bataillon mobile de la Drôme, sous les ordres de l'énergique commandant Balète, qui est devenu colonel dans la suite de la campagne, et qui était à peine remis d'une blessure grave qu'il avait reçue sous Sedan, étant à la tête d'une compagnie de zouaves. Ce bataillon nous a prêté le meilleur concours et ne s'est séparé de nous que le 9 novembre, pour être remplacé par le 3ᵉ bataillon de la Seine–Inférieure. Enfin, un bataillon de la Somme, qui fut bientôt relevé par le 4ᵉ bataillon de la Côte-d'Or, complétait les troupes d'occupation, qui se sont élevées ainsi continuellement à 6 ou 7,000 hommes. Le service

des subsistances était assuré dans les meilleures
conditions par l'existence d'un magasin spé-
cial, installé dans un immeuble de Montreuil;
le service médical des corps était secondé par
une ambulance de la Société de secours aux
blessés, sous la direction savante du docteur
Magdelain.

En raison des nécessités du service, le Gouvernement détacha près du lieutenant-colonel
plusieurs officiers, parmi lesquels je citerai
dans un sentiment de bien amicale sympathie
les lieutenants d'état-major Bizot-Brice et
Pajol. Le premier, qui a participé à toutes les
premières reconnaissances faites par le régiment, nous a quittés au départ de Montreuil
pour passer dans l'état-major du 2ᵉ corps. Le
second, resté près du colonel à la formation de
la 3ᵉ brigade, a constamment partagé notre
destinée, et son nom est mêlé à tout ce que
nous avons pu faire de bien pendant le siége.

Le service ordinaire des troupes fut bientôt
combiné de la manière suivante : deux bataillons, relevés tous les huit jours, étaient à Til-

mont, converti en camp retranché ; un bataillon campait sur le plateau de la Capsulerie ; le reste était cantonné dans les maisons abandonnées de Montreuil, fournissant des travailleurs et faisant un service de place très-régulier et très-chargé, en raison de l'étendue des cantonnements et du développement des lignes de travaux à garder.

Ces travaux avaient été dès le principe engagés avec activité, d'après les instructions du lieutenant-colonel et sous la direction de M. Béziat, ancien élève de l'École polytechnique et capitaine de la 7e compagnie du 2e bataillon du Tarn.

Considérés dans l'ensemble et une fois achevés, ces travaux comprenaient, outre le camp de Tilmont solidement retranché, couvert en avant par des tranchées-abris et relié à l'Épine par une ligne sûre, trois lignes de défense couvrant le réduit de la Capsulerie. La première était constituée par les maisons mêmes du village, appuyées de quatorze barricades en sable et pavés disposées en travers des principales rues; la seconde et la troisième consistaient en murs crénelés et terrassés et en tranchées-abris sur un développement de plus de 1,800 mètres. Un redan très-solide protégeait l'accès de la Capsulerie, fermée de tous côtés par les carrières et par des murs crénelés. Dans l'intérieur même de la dernière enceinte, deux poudrières blindées et un atelier de fascinage avaient été installés, et un sémaphore, avec signaux de la marine, mettait la petite forteresse de l'Epine en relations de jour et de nuit avec Noisy et Rosny et avec le bastion 17 des fortifications de Paris.

Outre les reconnaissances journalières effectuées en avant du camp de Tilmont et qui n'engageaient qu'un effectif peu considérable, les troupes placées à Montreuil sous le commandement du lieutenant-colonel Reille ont exécuté en avant de leurs lignes des reconnaissances importantes; le résultat immédiat de ces opérations était d'inquiéter continuellement l'ennemi, de lui tuer du monde sans pertes graves de notre côté; le résultat pour l'avenir était de préparer l'occupation du plateau d'Avron, qui fut réalisée le 29 novembre par la division d'Hugues.

Les plus notables de ces reconnaissances ont eu lieu le 4 octobre sur Neuilly-sous-Bois, le 12 octobre sur le plateau d'Avron, le 18 octobre sur Villemonble et Neuilly-sur-Marne.

Tout l'honneur de l'engagement du 4 octobre revient aux spahis, qui, marchant, sous la direction de leur officier et du lieutenant Pajol, en tête de la colonne mobile, furent accueillis au coin du bois dit de la Raffinerie, par un feu de bataillon à cinquante pas, chargèrent l'ennemi, le forcèrent à se replier en désordre après qu'il eût fait une sanglante expérience de la justesse des carabines Chassepot maniées par des tireurs arabes; les spahis ne laissèrent en face des morts et des blessés saxons que quelques cadavres de chevaux. Cette fois, entre mille, l'ennemi avait tiré trop bas.

La reconnaissance du 12 octobre, qui fait

l'objet d'un rapport militaire inséré à l'*Officiel*,
a eu plus d'importance ; il s'agissait de vérifier
l'existence de formidables batteries prussiennes
dont des renseignements nombreux signalaient
l'existence sur le plateau d'Avron. Tandis que
deux compagnies du 1er bataillon du Tarn,
éclairées par les spahis, occupaient le village
de Neuilly-sous-Bois en bouleversant les postes
prussiens, le commandant de Foucaud, à la
tête de trois compagnies, soutenues par un
peloton de chasseurs à cheval, fouillait tout le
plateau et échangeait des coups de feu avec les
détachements ennemis qui se trouvaient là et
qui se replièrent en toute hâte. De canons, pas
un seul jusqu'à Chelles.

La reconnaissance du 18 octobre dirigée,
comme la précédente, par le lieutenant-colonel,
fut poussée sur toute la ligne de Villemonble
à Neuilly – sur – Marne; l'ennemi avait en ce
moment sensiblement reculé ses grand'gardes,
et ce n'est qu'à Launay, derrière Villemonble,
que la compagnie du capitaine de Blottefières,
du bataillon de la Drôme, rencontra un fort

poste prussien auquel elle fit essuyer une dé-
charge meurtrière. Cette compagnie faisait partie de la colonne de gauche, dirigée par le
commandant Balète, et était soutenue par une
réserve de trois compagnies de la Côte-d'Or,
avec le commandant Dupuy. D'un autre côté,
les spahis, qui éclairaient la colonne du centre
(commandant Faure), rencontraient un autre
poste nombreux, et, bientôt, sur toute la
ligne d'infanterie, s'engageait une fusillade
assez nourrie. La colonne de droite (commandant de Faramond, du 1er bataillon du Tarn)
explorait pendant ce temps les bords de la
Marne.

C'est dans ces reconnaissances, dont je viens
de citer seulement les principales, et au moyen
desquelles les positions de l'ennemi de ce côté
ont toujours été exactement connues, que les
mobiles du Tarn ont appris à se servir de leurs
armes. Ils n'avaient eu ni les moyens ni même
le temps de s'exercer au tir du Chassepot; les
Prussiens ont été leur première cible; mais,
sous la capote de nos mobiles, il y avait de

hardis chasseurs de la Montagne-Noire, et les Prussiens s'en sont aperçus.

Néanmoins, sur tous les autres points, l'instruction militaire des hommes avait été vivement poussée pendant le séjour à Montreuil. Ils avaient été exercés à l'école de bataillon et de régiment, ils avaient été rompus à la vie sous la tente, avaient monté en avant de Tilmont de nombreuses grand'gardes, et le service minutieux de la place de Montreuil avait perfectionné chez eux le sentiment de la discipline, qui est le commencement et la fin de toutes les qualités du soldat. De plus, la présence à Montreuil, pendant une quinzaine de jours, d'une batterie d'artillerie de marine, avait permis d'initier un assez grand nombre de gardes mobiles à la manœuvre du canon.

Le vote du 3 novembre fut, comme dans presque tous les corps de troupes, à peu près unanime dans le sens du « oui ». On se souvient des termes dans lesquels la question se posait alors. Des bandes de forcenés, conduites par des hommes dont le nom se trouve mêlé à toutes les crises douloureuses du pays, avaient tenté de renverser le gouvernement de l'Hôtel-de-Ville et d'installer violemment, sous le nom de « commune », une dictature qui représentait les instincts de la partie la plus turbulente de la population de Paris ; le prétexte était puisé dans des négociations entamées par le Gouvernement en vue d'un armistice qui aurait permis de consulter la nation, et il était exploité par des hommes pour lesquels la guerre se résumait en oisiveté rétribuée, et qui jusque-là n'avaient pris part à la défense que par des chants avinés, des vociférations et du désordre. Nous retrouverons d'ailleurs à Créteil ces tirailleurs de Belleville, tristes héros de la journée du 31 octobre.

La signification du vote de la mobile de province, du 3 novembre, est bien claire : on n'entendait nullement justifier l'origine du Gouvernement du 4 septembre, origine qui constitue pour la province une grave injure. On voulait seulement protester contre la violence, contre l'orgie révolutionnaire, et provoquer la convocation d'une Assemblé nationale. Cette fois encore, comme il est arrivé si souvent en France, nous votions bien moins par sympathie pour les gouvernants que par horreur de l'op-position anti-sociale.

————

IV

Vers le milieu du mois de novembre, les troupes de l'armée de Paris, qui étaient restées jusque-là dispersées à l'intérieur ou au dehors sans grande homogénéité dans le commandement, reçurent une organisation nouvelle et complète; elles furent, par suite du dédoublement du commandement entre les généraux Ducrot et Vinoy, réparties en deux armées comprenant chacune deux corps d'armée de deux ou trois divisions. M. Reille, promu au grade de colonel, garda le commandement d'un « groupe de mobiles » qui devint bientôt la troisième brigade du deuxième corps de la deuxième armée et qui comprenait, à l'origine, les trois bataillons du Tarn et le troisième bataillon de la Seine-Inférieure. M. Faure, commandant du troisième bataillon du Tarn, fut nommé lieutenant-colonel et chargé par intérim de la direction du 7ᵉ régiment; il fut remplacé lui-même, grâce au vote unanime de MM. les officiers du 3ᵉ bataillon, par M. de Peslouan, ancien lieutenant de vaisseau, capitaine au 2ᵉ bataillon.

Cette réorganisation de l'armée fut le signal de notre départ de Montreuil, où nous faisions place, le 17 novembre, à la division d'Hugues, pour venir occuper Créteil et Maisons-Alfort. Les quatre bataillons étaient alors munis de tous les objets de campement et de capotes d'infanterie.

Créteil est un fort agréable village, entouré de luxueuses maisons de campagne, qui appuie sa gauche à la Marne et touche presque, à droite, le bourg de Maisons-Alfort, sous le fort de Charenton. Créteil, qui avait été déjà le théâtre de plusieurs engagements, venait d'être défini-

tivement occupé par nos troupes. Le colonel
Reille devait, avec ses quatre bataillons et le
21ᵉ bataillon de chasseurs à pied, garder et
au besoin défendre à outrance les positions de
Créteil et de Maisons-Alfort, sans cesse mena-
cées par l'ennemi solidement établi à Mesly et
à Montmesly.

La première mesure prise par le colonel fut
de faire occuper la ferme des Mèches, où les
Prussiens avaient encore de nuit un poste
avancé, et deux autres bâtiments isolés appelés
le Vert de Maisons et la Fabrique-de-Vernis.
La ligne à défendre s'étendait alors de la Marne
à la Seine, en passant par le Moulin d'Amont,
en traversant la route de Bâle, sur laquelle
une barricade interceptait l'entrée du village,
puis en suivait le contour protégé par des
murs crénelés, arrivait au parc de la splen-
dide habitation de l'archevêque de Paris, con-
vertie en forteresse, joignait la ferme des Mèches par une tranchée-abri et par une seconde
tranchée Maisons-Alfort et la Seine.

La mobile du Tarn, avec ses camarades

de la Seine-Inférieure, a occupé jusqu'au 28 novembre ces positions difficiles qu'elle a achevé de fortifier. Le service de grand'garde était extrêmement pénible, en raison du développement de la ligne et du voisinage de l'ennemi. Aussi la maladie et la fatigue commencèrent là l'œuvre cruelle qu'elles ont accomplie dans nos rangs jusqu'à la fin de la campagne.

Pendant ce temps, fécond en alertes de toute nature, les troupes d'occupation de Créteil eurent un assez grand nombre d'affaires d'avant-postes dans lesquels MM. les capitaines Gárdes, qui devait plus tard succomber à son poste sous les murs de Paris, et Laurié, le caporal Combres (blessé à l'épaule en attaquant une maison fortement occupée), se sont particulièrement distingués.

Les mobiles du Tarn commencèrent à Créteil à avoir pour voisins les gardes nationaux mobilisés qu'on envoyait en ce moment faire aux avant-postes des tournées d'une durée maximum de quatre jours, juste le temps de préparer pour le retour un article bien ronflant.

Nous avons débuté malheureusement par les tirailleurs de Belleville; ceux-ci, après s'être fait remarquer par une scandaleuse indiscipline, ont un beau jour, la veille même de notre départ pour la Marne, entièrement abandonné la tranchée qu'ils étaient chargés de garder, après avoir tué plusieurs des leurs dans une panique. Cette affaire a fourni tout un dossier publié à l'*Officiel* du moment et j'aime mieux y renvoyer le lecteur que de m'arrêter sur cette triste histoire.

Les hasards de la guerre, qui ont placé parfois auprès de nous des bataillons de garde nationale faisant leur service consciencieusement, nous ont rendus aussi les témoins de spectacles qui n'étaient guère de nature à exciter les sympathies des mobiles pour les « guerre à outrance. » Certes, il faut se garder de jeter la pierre à toute la garde nationale et surtout à tous les gardes nationaux, qui sont en énorme majorité d'honnêtes gens et de braves citoyens. Mais malgré de brillants exemples donnés à la Gare-aux-Bœufs et à Buzenval, l'institution de la garde nationale de marche n'a pu être bonne qu'au point de vue politique. Au point de vue militaire, elle a été une occasion de dépenses trop faiblement productives. Les hommes de 25 à 35 ans qui ont été, par faveur, placés dans la garde nationale, auraient été plus utilement versés dans des cadres solides : car une fois encore, sans discipline, on n'a pas d'armée.

V

Appelée à prendre sa part dans les grandes opérations qui devaient être effectuées sur la Marne, à la fin de novembre, et servir de base à la « trouée », la brigade Reille cédait Créteil, dans la nuit du 28 au 29, à la brigade Le Mains commandée pour agir de ce côté en même temps que le général Ladreit de Lacharrière qui a trouvé une mort glorieuse à l'attaque de la batterie retranchée de Montmesly.

La confiance de nos généraux paraissait si grande dans le succès que toutes les mesures préparatoires avaient été prises en vue d'une suite non interrompue de combats heureux et de marches forcées. On avait prescrit de munir les hommes de sept jours de vivres et de les débarrasser de leurs couvertures pour diminuer autant que possible le poids qu'ils avaient à porter. Hélas! l'absence des couvertures n'a servi, en fait, qu'à imposer aux soldats des souffrances inutiles et les vivres ont été consommés tout près des magasins!

Quoi qu'il en soit, la brigade mobile devait, dans le principe, franchir une première fois la Marne sur un pont de bateaux au Port-Créteil, traverser la Boucle, passer de nouveau la rivière à Joinville, et aller s'établir au Tremblay et à Poulangis pour marcher le lendemain sur Champigny et Cœuilly. Mais à minuit et demi, le pont de Port-Créteil n'était pas encore jeté; la colonne passait par Charenton et se rendait dans le bois de Vincennes. Cette marche nocturne était une chose imposante; tous les forts, vers deux heures du matin, tonnaient ensemble. Le ciel était illuminé de tous côtés par cette terrible canonnade; les régiments arrivaient de toutes les directions et se développaient dans le bois de Vincennes, éclairé par quelques feux de bivouac, comme des serpents hérissés de fer. Tous, officiers et soldats, étaient graves et silencieux; tous sentaient que la grosse partie allait se jouer, qu'il s'agissait de l'issue de la guerre, du sort de la France; on savait aussi que la journée serait dure et on pensait à faire bravement son devoir. — Quand tout à coup des officiers d'état-major arrêtèrent les colonnes et firent tomber, d'un mot, l'enthousiasme et les préoccupations : Une crue « subite » de la Marne mettait à néant tout le plan de la journée, en empêchant de jeter les ponts. Les troupes devaient, au jour, regagner leurs cantonnements. Il était quatre heures du matin et il restait à finir la nuit dans le bois de Vincennes, sans couvertures et avec le dépit d'avoir marché pour rien. Nous avions déjà un souvenir désagréable de ces lieux pour y être venus de Montreuil, y passer une nuit de pluie torrentielle, à l'occasion d'une alerte quelconque du mois d'octobre. Mais cette seconde épreuve fut plus fâcheuse encore que la première.

Cependant, malgré un si sanglant mécompte, l'autorité militaire avait voulu tirer parti des préparatifs accomplis et au lieu de se cantonner dans les baraquements de Saint-Maur, les troupes réunies dans le bois de Vincennes recevaient ordre d'aller camper en avant des forts de Rosny et de Noisy; elles se préparèrent, par une cruelle journée et par une cruelle nuit passées dans la boue, à combattre le lendemain 30 novembre.

La division Mattat et avec elle les mobiles du Tarn et de la Seine-Inférieure, était appuyée au chemin de fer, en avant du village de Rosny où quelques autres troupes, plus heureusement partagées, purent du moins trouver un abri contre le froid et la pluie.

A cinq heures et demie, la brigade quittait son camp, avec ordre de se porter, en traversant Rosny-sous-Bois, en face de Nogent, au carrefour de la route de Strasbourg et de la route stratégique. Retardée dans son mouvement par la division Bellemarre, la colonne n'arrivait qu'à huit heures au point assigné;

là, on apprit que notre destination était changée une fois encore et que nous passions, en réserve, dans la division Bellemarre. On forma les faisceaux dans un champ très-vaste qui s'étend devant le bois de la Raffinerie, là même où s'avançaient nos reconnaissances de Montreuil et on prit le café au bruit du canon, des mitrailleuses et de la fusillade qui s'engageait de tous les côtés. A ce moment les nouvelles étaient encourageantes, on parlait déjà et trop tôt, malheureusement, de la prise de Villiers, de celle de Champigny et d'avantages énormes remportés par l'armée de Vinoy du côté de Choisy.

Nous avions devant nous le 106ᵉ de ligne, le 4ᵉ zouaves, des mobiles du Morbihan et de Seine-et-Marne ; chacun de ces corps donnèrent suivant des directions différentes. On sait quels prodiges de valeur fit le 4ᵉ zouaves pour s'emparer du parc de Villiers, en revenant trois fois à la charge sur un mur crénelé sans brèches, qui vomissait la mort sur les assaillants. Les mobiles du Tarn furent désignés pour aller

occuper Neuilly-sur-Marne où ils commencèrent immédiatement des travaux de défense.
Pendant ce temps, la compagnie du capitaine
de Corneillan, du 3ᵉ bataillon, opérait en avant
du village une reconnaissance vigoureuse, ac-
cueillie à l'entrée de Maison-Blanche par une
vive fusillade. Le 1ᵉʳ bataillon occupait Ville-
Évrard. De Neuilly-sur-Marne, et grâce à l'ap-
pui du plateau d'Avron, l'artillerie aurait pu
battre Noisy-le-Grand avec succès. Aussi deux
batteries avaient été amenées dans le village,
installées par le commandant Lefrançais et
placées sous le commandement du colonel
Reille. Mais on sait combien fut courte la durée de nos succès de la fin de novembre ; à
peine avait-on « couché sur les positions » qu'il
fallait céder ces positions, les reprendre et
enfin les abandonner à la vue de formidables
concentrations de troupes allemandes.

Les factionnaires français, pendant l'occupa-
tion de Neuilly, n'étaient séparés que par la
Marne des factionnaires prussiens gardant
Noisy ; ceux-ci avaient évidemment reçu pour

consigne de ne tirer que sur les officiers; ces derniers ne pouvaient se montrer sans être salués par des coups de feu ; c'est ce qui arriva notamment au capitaine Amalric, du 3e bataillon, qui ayant voulu vérifier personnellement l'emplacement de ses postes avancés, eut à essuyer une grêle de balles, là même où ses hommes n'étaient nullement inquiétés.

En quittant Neuilly-sur-Marne, le 2 décembre, une compagnie du 1er bataillon subit un feu de tirailleurs qui nous blessa du monde. L'ennemi n'occupa cependant pas le village. Deux pièces de 4 habilement braquées dans un petit chemin qui descend de la route à la plaine, en face la maison Flaxland, firent beaucoup de mal aux tirailleurs prussiens qui s'avançaient, en venant des crêtes, et mit le désordre dans un convoi de leur artillerie. Dans la journée, ces deux mêmes pièces, attachées à notre colonne, se mirent en batterie sur la route, entre Neuilly-Plaisance et Neuilly-sur-Marne et réussirent à prendre en écharpe un corps d'infanterie saxonne qui fut com-

plétement bousculé et laissa le terrain jonché
de cadavres.

Ce jour-là, après une pointe vers le kiosque
de la Raffinerie, les 1er et 2e bataillons vinrent
réoccuper Neuilly-sur-Marne, avec toute l'artillerie, tandis que les 3es bataillons du Tarn et
de la Seine-Inférieure restaient à camper au
kiosque. Le lendemain, 3, Neuilly-sur-Marne
était définitivement évacué (pour être repris
plus tard par le général Blaize) et nos quatre
bataillons passaient la nuit sous la tente, sans
couvertures, sans bois de distribution, par un
froid des plus vifs et par un vent des plus vio-
lents.

Pendant cette semaine de préparatifs et de
combats, le service des vivres et tous les services de l'intendance ont laissé, au gré des pa-
tients, fort à désirer.

Cantonnés le lendemain dans Neuilly-sous-
Bois et Neuilly-Plaisance, nous nous retrou-
vions encore en grand'garde. Notre ligne par-
tait du pied du plateau d'Avron, coupait la
route de Strasbourg où nous avions construit

une forte barricade et disposé des abatis, et allait, vers la droite, s'appuyer, sur la Marne, à la grand'garde de la brigade Daudel.

, La mobile du Tarn est restée-là jusqu'au 20 décembre sans qu'aucun incident militaire très-important se soit produit. Les Prussiens étaient tout près, assez près pour tenter d'engager des conversations avec nos sentinelles de grand'garde; le service était pénible, le froid devenait chaque jour plus rigoureux, la maladie continuait ses ravages, les rations de vivres diminuaient en quantité et en qualité; (détail important!) les légumes, qui abondaient dans les champs abandonnés de Créteil et de Neuilly-sur-Marne, manquaient alors complétement, et le riz insipide devenait l'élément principal de la soupe quotidienne. En somme, on souffrait, mais le service était bien fait. De petites reconnaissances étaient opérées souvent vers Neuilly-sur-Marne, Ville-Évrard et la Maison-Blanche.

A l'occasion des nominations dans la Légion d'honneur du 8 décembre, le colonel Reille et

4

le lieutenant-colonel Faure reçurent la croix d'officier, le commandant de Foucaud la croix de chevalier.

VI

Mais une nouvelle grande tentative se préparait : le 21 décembre, il s'agissait d'enlever le Bourget dans la matinée, de prendre ensuite Aunai, le Blanc-Ménil, d'occuper Sévran, et de gagner le Nord-Est à travers la forêt de Bondy ; c'était pour le général Ducrot une nouvelle occasion de réaliser, dans un sens ou dans l'autre, une phrase trop légèrement lancée dans sa proclamation du 29 novembre ; certes, si le général Ducrot n'est rentré dans Paris ni mort ni vainqueur, ce n'est pas son courage personnel ni son activité qu'il est permis d'accuser : mais dès ce moment, la partie était perdue et per-

due plus irréparablement que nous autres,
pauvres lecteurs des dépêches-pigeon, nous
ne pouvions le supposer !

Le 20, à 11 heures du matin, la brigade, disposée comme pour la formalité quotidienne de
l'appel de midi, au lieu de rentrer dans ses
cantonnements ordinaires, filait par derrière
en dissimulant son mouvement le mieux possible, et allait gagner le village de Rosny où
elle prenait son ordre de marche pour se rendre
avec tout le 2ᵉ corps à Noisy-le-Sec déjà rem-
pli de troupe et de gardes nationaux; on passa
tant bien que mal la nuit dans ce village et le
lendemain, à 8 heures, les quatre bataillons at-
teignaient leur place de bataille dans des tranchées établies près de la route de Drancy à
Bondy, à la suite d'une marche de près de trois
heures retardée par mille obstacles. Vers dix
heures, nous formions la droite de la division
Bellemare, nous opérions entre la ferme de
Groslay et Bondy et plus tard encore, après
toute une demi-journée de marches et de contre-
marches, d'ordres et de contre-ordres, nous

étions formés à peu près derrière l'artillerie, qui, au bas de Drancy, tirait sur le Bourget. Quelle terrible canonnade que celle du 21 ! Peu entendue à Paris, parce que les forts n'y prenaient qu'une faible part, elle avait, dans une circonférence assez restreinte, une violence dont les vétérans présents disaient n'avoir pas souvenir. Les batteries prussiennes, sur la crête, se démasquaient partout pour riposter aux nôtres ; des embrasures, qu'on ne savait même pas ouvertes, lançaient le fer et le feu. Notre belle artillerie, de son côté, tenait ferme sous ce tir furieux, et battait vigoureusement le Bourget.

Dans la position qu'occupait la brigade, elle recevait bon nombre de projectiles, mais par bonheur, dans le champ où elle s'était formée, la terre avait dégelé au contact des feux de bivouac et sous le pas des colonnes d'infanterie ; beaucoup d'obus pénétraient dans le sol sans éclater, nous eûmes relativement peu de blessés et pas du tout de désordre.

Mais le Bourget tint bon ; l'énergie de notre artillerie n'eut pas plus d'efficacité que l'hé-

4.

roïsme de nos marins ; vers trois heures et demie, toutes les troupes reprenaient leurs positions du matin et faisaient la soupe. Restait-il en ce moment quelque espoir à nos chefs pour le lendemain? Craignaient-ils au contraire une attaque? Une de ces deux hypothèses doit être exacte, car on fit passer la nuit à tout le corps d'armée en plein air, quoiqu'on fût à cent pas du village de Noisy.

Oh! la cruelle soirée, la cruelle nuit! Nous nous souviendrons tous longtemps de ce camp que nos soldats ont si justement appelé le « *Camp du froid* ». Pour faire la soupe, quelques grains de riz, quelques miettes de biscuit, de l'eau qu'on puisait à grand'peine en perçant la glace du canal de l'Ourcq et qui regelait dans le transport. La nuit arrivait dès quatre heures, sombre et triste ; une bise du nord aigüe, déchirante, lacérait le visage des malheureux soldats groupés autour de rares et chétifs feux de bois vert ; la terre était presque partout trop gelée pour qu'on pût y enfoncer les piquets de tente. Bien peu dormirent cette nuit-là, et chez les dormeurs les cas de congélation partielle ou totale furent nombreux ; ils furent nombreux dans la mobile du Tarn, campée, pour mieux dire réunie, sur un plateau exposé à toute la fureur du vent, près d'une sorte de cavité mal abritée par quelques arbres ; là les têtes les plus galonnées du corps d'armée avaient cherché un refuge, et cet emplacement a conservé dans nos souvenirs la dénomination de « *Trou de l'état-major* ».

La mauvaise chance s'attachait à nous ce jour-là, et nous étions laissés, peut-être oubliés, jusqu'à midi, dans ces lieux de fâcheuse mémoire.

L'ordre de rentrer à Noisy-le-Sec fut accueilli avec autant d'enthousiasme que le permettait l'état d'engourdissement dans lequel chacun de nous était tombé.

Un détail rétrospectif. Dans la matinée, une personne attachée à un état-major et à coup sûr très-mal informée, passait devant le front des troupes annonçant, sans doute pour *relever le moral*, une grande victoire du général Chanzy :

25,000 prussiens sur le carreau ou prisonniers.
Hélas ! trois fois hélas ! il n'y avait pas eu plus
de victoire l'avant-veille sur la Loire qu'il n'y
en eut le soir sous Paris.

VII

Le général Ducrot ne se laissa pas décourager par l'insuccès de l'attaque de vive force sur le Bourget ; ce village fut conservé comme objectif des opérations du côté de l'Est et des travaux à la sape furent immédiatement commencés. On paraît avoir eu l'intention, à ce moment du moins, de faire en règle le siége du Bourget ; exemple frappant des tristes bizarreries de la campagne, pendant laquelle le rôle des assié-geants et des assiégés s'est trouvé si souvent interverti !

Mais les éléments eux-mêmes étaient contre nous : la gelée continue, qui a durci le sol pendant toute cette période, rendait bien lents et très-pénibles les travaux d'ouverture de tranchée. Lorsque le temps s'adoucit pour quelques jours, notre sort était dessiné et il n'y avait plus à espérer qu'en un grand coup ou dans l'arrivée si peu probable dès lors d'une armée de secours.

A cette époque, il était important de garder tout le système de tranchées qui se développait depuis Avron jusqu'à la Seine ; la brigade participa avec tout le 2me corps d'armée à ce service.

Le 24 décembre, la brigade se rendait à Bondy, pour se mettre à la disposition du vice-amiral Saisset, qui avait momentanément abandonné le fort de Noisy, pour prendre, de sa personne, le commandement de cette position avancée.

Le malheureux village de Bondy offrait déjà un navrant tableau des maux de la guerre. Occupé tour à tour, depuis le début du siége, par des détachements de l'une et l'autre armée, il avait été le théâtre de sanglants engagements ;

les obus français avaient commencé à y porter
le ravage, lorsqu'il servait de repaire à l'ennemi ; Français et Allemands, jaloux de rendre
cette position intenable à leurs adversaires,
y avaient mis plusieurs fois le feu. Le village
presque entier n'était plus déjà qu'un monceau
de décombres où l'incendie continuait lente-
ment son œuvre. Des pans de muraille dressant
tristement vers le ciel leur crête découronnée,
des ruines informes, des tas de pierres écrou-
lées et semées d'éclats d'obus indiquaient l'ali-
gnement des rues. A peine çà et là quelques
habitations relativement épargnées avaient conservé leurs toits ; presque toutes les portes et
fenêtres avaient disparu.

Dans ces pauvres cantonnements étaient
installées depuis quelques jours les troupes
amenées par l'amiral et comprenant de forts
détachements de marins, deux bataillons de
garde républicaine (commandant de Humbert),
le 4me bataillon des éclaireurs de la Seine
(commandant Barbe) et la compagnie des volontaires de la défense nationale, organisée

par l'amiral Darricau, véritable troupe d'élite, admirablement recrutée et qui a eu une très-digne attitude partout où elle s'est montrée.

Le village de Bondy est situé au bord du canal de l'Ourcq, sur la route de Metz et à environ un kilomètre de la forêt du même nom, qui a dépassé maintenant son antique réputation et n'a jamais été si mal habitée que dans les quatre derniers mois de 1870. Le village s'étend vers le Sud, à peu près parallèlement à la lisière inférieure de l'ancien parc du Raincy. La station de Bondy, sur le chemin de fer de Strasbourg, est un peu en arrière du village et à environ 600 mètres de la station de Noisy, où se trouve la bifurcation des lignes de Strasbourg et de Mulhouse.

L'extrême ligne de défense venait de Drancy, se confondait pendant quelque temps avec le canal, traversait la route de Metz interceptée par une excellente barricade, suivait par le cimetière puis par une tranchée le front du village jusqu'à l'ancienne station de Bondy, alors connue sous le nom de « Gare brûlée », et par

un retour sur Merlan, allait joindre le chemin
de fer de Mulhouse.

Bondy était le centre de plusieurs batteries
d'artillerie, comprenant des pièces marines du
plus fort calibre et qui, dirigées par le commandant Nismes, harcelaient constamment l'ennemi
sur la lisière de la forêt ainsi que dans ses
positions de la Voirie et du Raincy. La batterie
des Gravats, appuyée au chemin de fer, était
armée de pièces de 24 ; des pièces de 12, de 8,
garnissaient les batteries construites au cimetière, au « Vieux château » et derrière l'« Amirauté, » sur le canal. En tout : 41 pièces.
C'était en somme, à l'origine, une position
avancée importante, fort inquiétante pour toute
la forêt et pour Sévran où se tenaient des réserves prussiennes assez considérables.

L'amiral Saisset, en retournant le 25 décembre au fort de Noisy, laissait au colonel
Reille le commandement de Bondy avec toutes
les troupes, y compris la plupart des détachements de marins, sous les ordres directs de
l'énergique et savant commandant Trèves.

5

Les choses en étaient là lorsque, le 27 décembre, au matin, l'ennemi démasqua, en face de nous, au Raincy, une batterie fortement blindée, qui commença à bombarder, avec des obus de 16 et de 24, les forts de Rosny et de Noisy et le plateau d'Avron. Par ordre supérieur, les batteries de Bondy, auxquelles étaient venues se joindre deux batteries de 7 , ne tardèrent pas à contrebattre vivement ce tir, qui, en effet, se ralentit un instant; puis, comme on pouvait s'y attendre, une vive riposte fut dirigée sur la batterie des Gravats d'abord, ensuite sur le village même. L'ennemi avait amené au Raincy et dirigé droit sur Bondy des pièces volantes qui unissaient leur feu à celui de ses pièces de position , et bientôt le malheureux village fut inondé d'une pluie de fer. Par une déplorable fatalité, un des premiers obus vint éclater dans l'infirmerie de la garde républicaine, tua deux gendarmes et en blessa grièvement un troisième. La canonnade dura jusqu'à quatre heures ; à ce moment, l'attention de l'ennemi fut détournée par un feu très-vif venant des forts. Pendant tout ce temps, la circulation dans le village, et principalement autour des ruines de l'église, était complétement impossible. Les hommes restaient dans la tranchée ou se réfugiaient par ordre dans les caves encore habitables.

Le lendemain, le bombardement reprenait dans des conditions identiques, et le chiffre des tués et blessés, tant dans la mobile que parmi les éclaireurs, devenait plus sensible. Les quelques maisons qui, aux environs de la place de l'Église, étaient restées debout, furent à leur tour percées à jour et rapidement démolies. Entre autres, dans la rue Saint-Denis, une petite maison où se trouvaient alors les bureaux du colonel s'effondra sous le choc d'un obus énorme, et faillit écraser dans sa chute le personnel de ce bureau.

La batterie du Raincy semblait avoir repéré tout particulièrement dans Bondy : l'église, les principales communications du village avec les tranchées, la batterie des Gravats, la Gare brûlée, la hutte du cantonnier à la traverse du chemin de fer par la route de Merlan, la barricade de la route de Metz, le vieux château, le carrefour des routes de Noisy et Pantin à l'entrée du village, enfin la maison dite de l'Amirauté, qui appelait l'attention de l'ennemi par le pavillon de commandement hissé sur le mât de l'observatoire où n'ont pas cessé de stationner un sous-officier de mobile et quelques marins. Le tir continua jusqu'à la nuit.

Nous apprenions bientôt que le bombardement se généralisait et que le plateau d'Avron, battu de tous les côtés, ne pouvait plus tenir.

L'évacuation du plateau d'Avron, achevée dans la nuit du 29 au 30, semblait avoir pour conséquence naturelle le déplacement de toute notre extrême ligne de l'est, qui aurait été alors avantageusement reportée dans des positions sûres, solidaires et efficacement protégées par le feu des forts. Bondy, Drancy, la ferme de Groslay (que les Prussiens enlevaient peu de temps après et presque sans coup férir), faisaient chez l'ennemi une pointe qu'on pouvait croire sans grande utilité pour la défense inactive à la-

quelle nous nous trouvions désormais con-
damnés de ce côté. Mais, soit dans un sentiment d'amour-propre militaire, pour ne pas
abandonner des points acquis non sans peine,
soit pour ménager l'opinion publique fort émue
en ce moment, soit par un motif stratégique que
l'histoire révèlera un jour, l'autorité crut devoir
conserver ces postes avancés; elle se laissa
néanmoins persuader de n'y exposer que les
troupes strictement nécessaires, et en fit bientôt
de simples emplacements de grand'gardes.

Cette modification, qui se produisit graduellement, laissait au colonel Reille la défense de
Bondy; les troupes qu'il avait sous ses ordres
abandonnaient l'une après l'autre ce dangereux
cantonnement. L'artillerie puissante qui se
trouvait là fut d'abord évacuée. Admirablement
disposée autour de Bondy pour un système
d'opérations aggressives en vue de faire craquer
le « cercle de fer » qui nous enserrait, elle
était mal aménagée pour répondre aux feux du
Raincy, et la prudence la plus élémentaire
commandait de ne la pas exposer en un point

désormais mal soutenu par la droite. Toutes les lourdes pièces de position, réparties entre les batteries de l'Amirauté et des Gravats, étaient enlevées dans les nuits du 28 au 29 et du 29 au 30. L'artillerie de campagne reçut, elle aussi, une autre destination. En même temps, les deux bataillons de garde républicaine, qui avaient fourni les premières victimes du bombardement, rentraient à Noisy, puis à Paris, et étaient suivis de près par la compagnie des volontaires Darricau. Les 2ᵉ et 3ᵉ bataillons du Tarn, sous les ordres du lieutenant-colonel Faure, s'étaient depuis deux jours déjà établis à Merlan ; le 1ᵉʳ bataillon du Tarn resta à Bondy avec le 3ᵉ bataillon de la Seine-Inférieure et les éclaireurs de la Seine ; enfin, le 30 novembre au soir, le colonel fut appelé à Noisy, qui devenait le chef-lieu de son commandement.

La brigade avait été rejointe, avant de quitter Bondy, par le peloton des spahis d'Oran ; nos anciens et braves compagnons de Montreuil nous revenaient sous les ordres du lieutenant

Bailly. Elle s'était augmentée aussi, à titre dé-
finitif, du 4ᵉ bataillon des éclaireurs de la Seine,
qui, en opérant constamment en avant du fort
de Noisy, avait rendu depuis le commencement
du siége les meilleurs services à la défense, et
qui a continué, à côté de nous, à se distinguer
jusqu'au dernier jour ; c'était une bonne troupe,
possédant d'excellents cadres et plusieurs officiers d'une valeur militaire réelle.

Noisy-le-Sec devint donc le centre de la brigade, et le service de grand'garde, comprenant
les lignes de Bondy et de Merlan, fut réglé sur
les bases suivantes : un des quatre bataillons
mobiles, deux compagnies d'éclaireurs, occupaient les tranchées et le village de Bondy ; ces
troupes étaient relevées toutes les vingt-quatre
heures en moyenne. A partir du 4 janvier, on
y intercala des compagnies de la garde nationale en séjour à Noisy et à Romainville, où les
bataillons se succédaient avec une rapidité telle
que l'épreuve était complétement insuffisante
pour les initier au dur métier des avant-postes.
Le lieutenant-colonel Faure avait été désigné

pour les fonctions de major de tranchées, dans lesquelles il était assisté par le capitaine de Cadoudal et le lieutenant Nelly.

Du 28 décembre au 27 janvier, à minuit (jour de la suspension d'armes préliminaire à l'armistice), le village de Bondy, les tranchées, le cimetière, la Gare brûlée, ont été soumis à un bombardement constant. Les batteries prussiennes du Raincy et de Nonneville, à certains moments, des batteries volantes amenées dans le voisinage de la route de Metz, et dont l'emplacement changeait fréquemment, achevaient de raser ces lamentables débris. Si le lecteur veut bien songer que, dans maintes circonstances, la rapidité du tir a atteint six obus par minute; que, d'après un calcul très-modeste, une surface qui n'est guère supérieure à celle de la place de la Concorde n'a pas reçu, pendant ces trente jours, moins de vingt-cinq mille obus, il pourra se faire une idée du milieu dans lequel opéraient les défenseurs de Bondy, et qui échappe à toute description. Nos mobiles, il faut le reconnaître à leur éloge, s'étaient ac-

climatés à ce genre de vie ; en se conformant
aux conseils de leurs chefs , et en étudiant par
eux-mêmes la chute de l'obus , ils arrivaient à
en limiter singulièrement l'effet meurtrier.
Toutefois, nos pertes ont été sérieuses pendant
cette opiniâtre occupation des ruines de Bondy,
par le fait tant de l'artillerie que de la mous-
queterie.

Notre troupe, jeune hier, aujourd'hui vieillie
par l'expérience des avant-postes, a donné bien
des exemples de courage modeste et de froide
énergie, qui feraient honneur aux meilleurs
régiments.

Pour ne citer que quelques traits entre mille :

Un officier d'état-major, arrivant à Bondy,
interroge un factionnaire qui lui indique, en
se mettant régulièrement au port d'arme, les
points les plus exposés dans le cercle de sa
surveillance. Un obus tombe pendant cette
conversation ; l'officier se dissimule à l'abri
d'un pare-éclat, et en se relevant, tout couvert
de terre et de platras que l'explosion a lancés
sur eux, retrouve le garde mobile dans l'atti-

tude la plus correcte et la plus respectueuse ; il n'avait pas quitté le port d'arme.

Un cuisinier mobile s'obstine à installer, malgré toutes les recommandations contraires, son feu et sa marmite dans la cour d'une maison où ses camarades sont de garde, et les projectiles viennent éclater à chaque instant autour de lui ; mais, à aucun prix, il ne consentirait à descendre dans la cave pour y continuer son opération : sa soupe, dit-il, pourrait prendre un goût de fumée.

L'obus, tout le monde le sait, produit des résultats aussi souvent bizarres que terribles. Un jour, à Bondy, un obus éclate aux pieds d'un homme de garde, un gros éclat lui enlève son képi et il n'a pas le moindre mal ; une autre fois, un obus fait explosion au milieu de douze hommes réunis pour leur repas, et la gamelle commune est seule atteinte.

Le bruit de l'obus sifflant et éclatant n'est pas la seule musique à laquelle nos oreilles se soient trouvées soumises à Bondy. Les balles faisaient à peu près tous les jours leur partie

dans ce concert sinistre. L'ennemi se proposait
sans doute de faire évacuer Bondy et il venait
presque chaque matin tâter nos tranchées pour
constater le résultat produit par son bombardement de la veille et de la nuit. Le 31 décembre, en se retirant, il nous laissait le soin d'en-
terrer cinq cadavres saxons. Le 5 janvier, il
poussa sur toute notre ligne une attaque extrêmement énergique avec des forces considérables ; repoussé plusieurs fois de tous les points
avant même que les réserves de Noisy aient pu
arriver au secours des troupes de Bondy, il
laissait sa ligne de retraite semée de morts et
de blessés. C'est à la suite de cette affaire, laquelle avait pris les proportions d'un combat, que
le général Ducrot, qui s'était transporté plusieurs
fois à Bondy pendant le bombardement, mit la
brigade Reille à l'ordre de l'armée, en rendant
hommage à « cette ténacité et à ce courage
passifs plus rares et plus difficiles que la vail-
lance spontanée des champs de bataille. » Ce
sont les termes mêmes de l'ordre qui honore,
dans une récompense collective, bien rare et

bien précieuse, le 7ᵐᵉ régiment mobile, le 3ᵐ⋅ bataillon de la Seine-Inférieure et le 4ᵐᵉ bataillon des éclaireurs de la Seine.

Les troupes de la brigade, d'ailleurs, ne se limitaient pas à ce rôle passif jugé si digne d'éloge. Dans la nuit du 14 au 15 janvier, elle était chargée d'éclairer les bois et de faire sauter diverses maisons situées sur la lisière de la forêt et où l'ennemi avait établi ses postes. L'opération, accomplie par trois colonnes composées de compagnies des 2ᵐᵉ et 3ᵐᵉ bataillons du Tarn et des éclaireurs de la Seine, appuyant une section du génie, ne réussit pas entièrement ; la dynamite employée fusa sans éclater. Mais l'une des colonnes surprit et ramena prisonnier un poste tout entier, du 123ᵐᵉ Saxon.

Le 17 janvier, comme par revanche, l'ennemi poussait sur nos tranchées une attaque vigoureuse, et son feu n'atteignit que quelques hommes dans la mobile et la garde nationale.

Les villages de Noisy et de Merlan, mis par les travailleurs de la mobile et du génie auxiliaire en état de sérieuse défense, assuraient même après la chute supposée de Bondy, une longue résistance en avant du fort de Noisy.

Remarquons, en terminant, que les batteries prussiennes du Raincy et de Nonneville, croisant leurs feux sur les routes de Drancy, Noisy et Merlan, rendaient très-dangereuses les communications avec Bondy. Le tir de l'ennemi redoublait toujours au moment de la nuit, où il pensait que nous relevions nos grand'gardes ; mais ses projectiles étaient le plus souvent perdus, car, l'heure de ce changement était à dessein modifiée à toutes les gardes.

Je rappellerai aussi, dans un tout autre ordre d'idées, que le 19 janvier là batterie du Raincy a couvert d'obus un groupe de gardes nationaux qui allait relever un mort dans la tranchée. Ils étaient cependant porteurs d'un brancard et de *deux* drapeaux d'ambulance déployés d'une façon très-apparente. Les faits de ce genre sont nombreux dans la dernière guerre, du côté des Prussiens, et ne sauraient être assez stigmatisés ni dénoncés assez haut à l'indignation universelle.

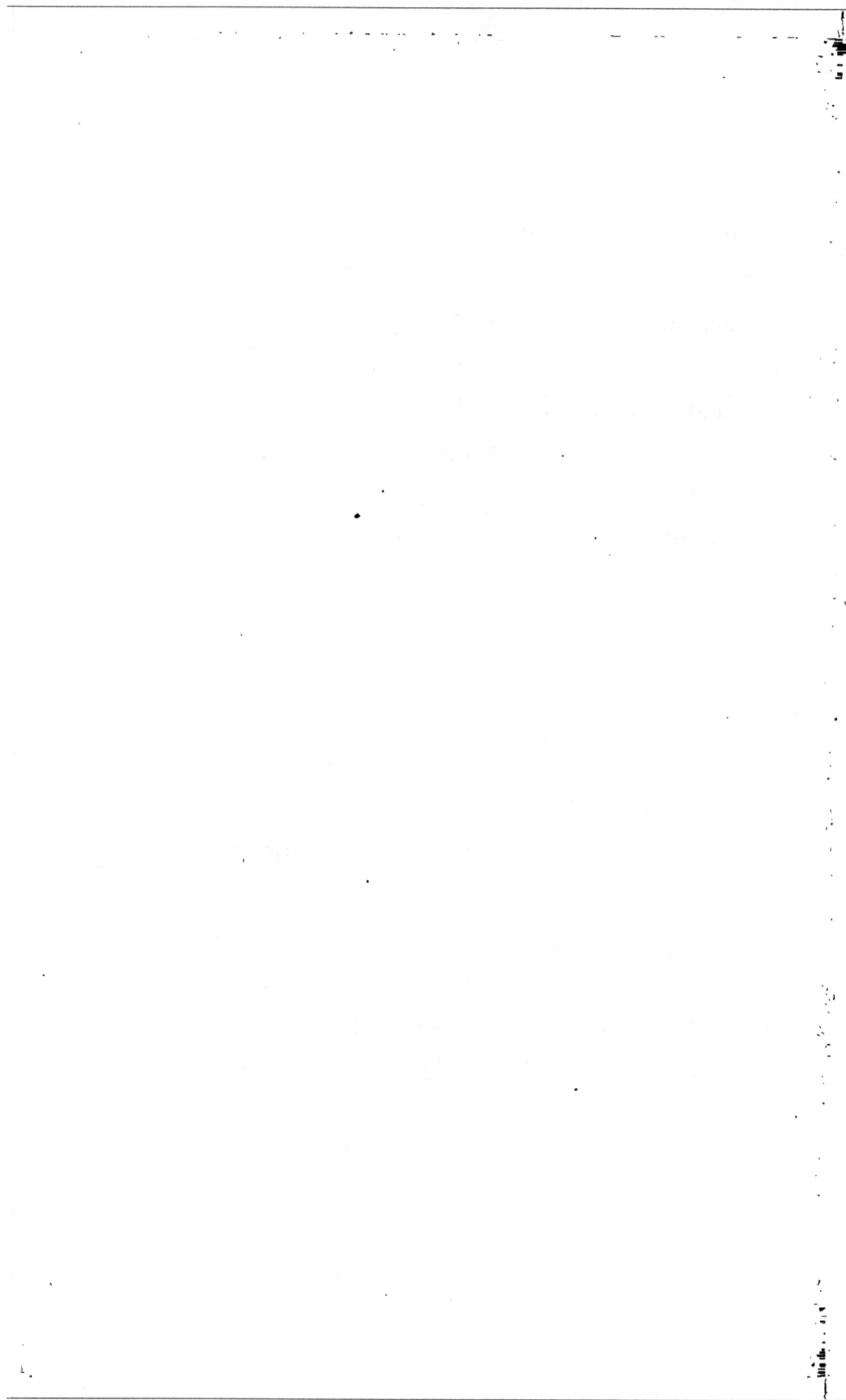

VIII

Le 27 janvier, à minuit, les forts et les batteries prussiennes suspendaient le feu de toutes
parts ; un morne silence succédait subitement à
une canonnade restée violente jusqu'au dernier
moment ; quelques heures plus tôt, une malheu-
reuse femme avait été tuée roide par un obus, à
Noisy-le-Sec, dans l'intérieur d'une maison.

L'ordre de ne pas tirer avait aussi suivi toute
la ligne des avant-postes, et les combattants
comprirent bien que la guerre était finie. Quoique le Gouvernement n'eût donné encore aucun
détail sur l'étendue de nos désastres, l'armistice trouvait une explication suffisamment éla-

quente dans la quotité chaque jour décrois-
sante des rations de vivres et dans la qualité du pain distribué à la troupe ; celle-ci,
cependant, il faut le dire, était beaucoup
mieux traitée, sous ce rapport, que la population civile.

L'*Officiel* parla bientôt, et la situation se dé-
gagea peu à peu des proclamations ambigües et
larmoyantes dont le Gouvernement de la défense nationale nous inondait. Persévérant dans
son ancienne politique, qui consiste à présenter
la vérité par petites doses et sous des déguise-
ments, il nous apprenait un jour les insuccès
constants et la triste situation des armées de
province, ainsi que le néant des illusions pom-
peuses dans laquelle les assiégés avaient été en-
tretenus sur les évènements militaires du dehors ; une autre fois il nous livrait le texte de
la « convention militaire » faite avec l'ennemi.
Le peuple de Paris n'arriva que graduellement
et sans choc à l'idée de capitulation cachée sous
le fatras des mots. Mais où s'arrêtera maintenant
la lugubre énumération des malheurs qu'il nous

reste à apprendre et des tristesses qu'il faut sup-
porter?

La journée du 29 janvier a offert un des
spectacles les plus navrants qu'il fût possible
de voir. Les malheureux fantassins, les marins
peut-être plus à plaindre encore, abandonnaient, ceux-ci leurs forts, ceux-là les lignes
d'avant-poste qu'ils avaient vaillamment dé-
fendues au milieu des plus dures épreuves. Par
la puissance d'un carré de papier barbouillé
d'encre, l'ennemi venait s'installer triompha-
lement. dans ces cantonnements où les soldats
français avaient souffert pour la patrie, pour le
devoir; il venait fouler les ruines glorieuses
qu'il n'avait pas gagnées de vive force, et au
milieu desquelles tant de braves gens étaient
tombés pour les défendre.

Le ciel semblait prendre part à notre douleur
et avait revêtu des voiles de deuil; il faisait
froid et sombre. Les régiments rentraient lente-
ment par toutes les portes, et les soldats, hâves,
amaigris, exténués de fatigue et de privations,
de la guerre, ne trouvaient même pas partout,

en traversant les curieux des quartiers excentriques, le respect qui leur était si légitimement dû.

La brigade Reille quitta Bondy et Noisy à midi; retardée dans sa marche, à Romainville, par des embarras de troupes, elle vint se former sur le chemin de ronde entre la porte de Romainville et celle de Pantin. C'est là que nous avions ordre de nous rendre. Mais la guerre devait finir pour nous comme elle avait commencé, par le désordre; personne ne s'était occupé de loger la brigade, et c'est à grand'-peine que le colonel, prenant sur lui de « faire le logement, » pût trouver à la Villette un casernement provisoire à peine suffisant.

Les hommes furent, peu de jours après, logés de nouveau chez l'habitant, sur les boulevards Magenta, de Strasbourg, dans les faubourgs Saint-Martin et Saint-Denis. Prisonniers de Paris, nous dûmes à notre tour effectuer le versement des armes, et peu après la brigade fut dissoute. Le colonel commandant, avant de se séparer du 3e bataillon de la Seine-Inférieure, fit paraître l'ordre suivant, qui traduit très-fidèlement les sentiments fraternels des mobiles du Tarn pour les hommes de ce bataillon, et qui doit, à ce titre être reproduit ici :

Officiers, sous-officiers, caporaux et soldats.

« Par suite de l'ordre général n° 39, la 3e brigade de la division Mattat est dissoute.

« Accourus de provinces bien diverses à l'appel de la France en danger, les deux corps qui ont composé cette brigade depuis la formation de la 2e armée vont se séparer après avoir uni pendant toute la campagne leurs constants efforts pour le salut du pays. Si notre noble cause n'a pas triomphé, ce n'est pas que nous lui ayons ménagé nos sacrifices et nos fatigues. Les mobiles du Tarn et de la Seine-Inférieure ont appris à s'estimer sous le feu de l'ennemi ; ils ont été honorés par une même citation à l'ordre de l'armée ; ils ont su toujours se montrer dignes les uns des autres par leur solide discipline.

« En quittant le commandement supérieur qui lui avait été confié, le colonel remercie le 3e bataillon de la Seine-Inférieure du concours continu qu'il a apporté à la défense, le chef distingué placé à la tête de cette troupe et tous les officiers sous ses ordres de leur activité et de leur zèle, les sous-officiers et les soldats de leur courage et de leur patience dans les rudes épreuves et les luttes périlleuses qu'il ont traversées. Il se fait, enfin, l'interprète de tout le 7e régiment en exprimant les profondes et durables sympathies des soldats du Tarn pour leurs compagnons d'armes de Créteil, de Neuilly-sur-Marne et de Bondy. »

Le même jour paraissait un ordre au régiment du Tarn, dont voici la texte :

Par suite de la dissolution de la brigade, le colonel reprend, à dater d'aujourd'hui, le commandement direct du 7ᵉ régiment mobile.

Il est certain, dans cette circonstance, de traduire fidèlement le sentiment de chacun, en exprimant au lieutenant-colonel la gratitude du régiment, pour le zèle, le dévouement et les brillantes qualités militaires dont il a fait preuve, pendant le commandement intérimaire qui lui avait été confié.

La tâche difficile, assignée au régiment du Tarn, a été remplie avec une discipline, un sang-froid, une énergie dont la mise à l'ordre du jour de l'armée était la légitime récompense. C'est là le plus précieux témoignage qu'il soit possible à une troupe de recevoir. Il a été le juste couronnement de cette suite de fatigues et de dangers que le régiment a si heureusement et si noblement traversés. Le succès a trahi vos efforts, mais quoique vaincus, vous aurez le droit de porter haut la tête, en rentrant dans vos foyers, car tous, officiers, sous-officiers et soldats, vous avez fait courageusement et continuellement votre devoir.

Le colonel se plaît à reconnaître toute la part qui revient dans cet éloge à la direction éclairée du chef qui l'a suppléé et dont le concours ne lui fera pas défaut à l'avenir.

– 3e BRIGADE DE LA 2e DIVISION

(2e ARMÉE, 2e CORPS).

Baron REILLE (C.✳), *colonel commandant.*
Vicomte PAJOL, lieutenant d'état-major, *aide de camp.*
NELLY, lieutenant, *officier d'ordonnance.*
DE CADOUDAL ✳, capitaine, ⎫
FUZIER-HERMAN, lieutenant, ⎭ *attachés à l'état-major.*

Sous-lieutenant commandant le peloton de spahis, BAILLY ✳.

Service des tranchées de Bondy.

FAURE O.✳, lieutenant-colonel, *major de tranchée.*
DE CADOUDAL, capitaine, ⎫
NELLY, lieutenant, ⎭ *détachés.*

Place de Noisy-le-Sec.

BARBE ✳, chef du 4e bataillon des éclaireurs de la Seine,
  chargé du commandement de la place.
DUSSERT, sous-lieutenant au 7e mobile, détaché.

7ᵉ RÉGIMENT MOBILE

PERSONNEL D'OFFICIERS AU 15 FÉVRIER 1871.
(Bataillons de guerre).

Colonel, Baron REILLE (René) C.✻.
Lieutenant-colonel, FAURE (Clément) O.✻.

Aumônier, l'abbé PRUVOT.

1ᵉʳ Bataillon.

Chef de bataillon, DE FARAMOND DE LAFAJOLE ✻.
Capitaine adjudant-major, CROUZET.
Lieutenant payeur, THOUROUDE.
Médecin aide-major, TREILLES.

1ʳᵉ compagnie. *Capitaine,* LAURIÉ ✻.
— *Lieutenant,* BODIN.
— *Sous-lieutenant,* ENJALBERT.

2ᵉ compagnie. *Capitaine,* BOULADE ✻.
— *Lieutenant,* CUILLÉ.
— *Sous-lieutenant,* CARAYON.

3ᵉ compagnie. *Capitaine,* LÉCOSSOIS.
— *Lieutenant,* BOURJADE.
— *Sous-lieutenant,* DIOS.

4ᵉ compagnie. *Capitaine,* TAILLEFER DE LAPORTALIÈRE
(Edouard).
— *Lieutenant,* BASILE.
— *Sous-lieutenant,* BILLARD.

5ᵉ compagnie. *Capitaine,* MALPHETTES.
— *Lieutenant,* TAILLEFER DE LAPORTALIÈRE
(Adrien).
— *Sous-lieutenant,* CUSSAC.

6ᵉ compagnie. *Capitaine,* ICHANSON.
— *Lieutenant,* DE PEYTES-MONTCABRIER.
— *Sous-lieutenant,* BÉQUIÈS.

7ᵉ compagnie. *Capitaine,* PALIÈS.
— *Lieutenant,* BOYER.
— *Sous-lieutenant,* FOURNIALIS.

2e Bataillon.

Chef de bataillon, Vte DE FOUCAUD D'AURE ✳.
Capitaine adjudant-major, DE JUGE-MONTESPIEU ✳.
Lieutenant payeur, MARSAL.
Médecin aide-major, docteur PAILLÉ.

1re compagnie. *Capitaine*, DE BARRAU DE MURATEL ✳.
—   *Lieutenant*, VINCENS.
—   *Sous-lieutenant*, HOURTAL.

2e compagnie. *Capitaine*, DE FOUCAUD D'AURE (Pierre).
—   *Lieutenant*, BRIEU.
—   *Sous-lieutenant*, POLÈRE.

3e compagnie. *Capitaine*, FABRE (Charles) ✳.
—   *Lieutenant*, FABRE (Elysée).
—   *Sous-lieutenant*, VILA.

4e compagnie. *Capitaine*, D'AX.
—   *Lieutenant*, PEYRUSSET-FOURNÈS.
—   *Sous-lieutenant*, ALQUIER.

5e compagnie. *Capitaine*, DOUGADOS.
—   *Lieutenant*, ALENGRIN.
—   *Sous-lieutenant*, SERRE.

6e compagnie. *Capitaine*, VÉNE.
—   *Lieutenant*, CABANNES.
—   *Sous-lieutenant*, BARRAU.

7e compagnie. *Capitaine*, BÉZIAT.
—   *Lieutenant*, BERNADOU.
—   *Sous-lieutenant*, TOURNIER.

3e Bataillon.

Chef de bataillon, LUCAS DE PESLOUAN O.✻.
Capitaine adjudant-major, D'OR DE LASTOURS ✻.
Lieutenant payeur, FUZIER-HERMAN (détaché).
Médecin aide-major, MAURIAC.

1ʳᵉ compagnie. *Capitaine*, MIQUEL.
— *Lieutenant*, ROUQUÈS.
— *Sous-lieutenant*, CANTAYRÉ.

2ᵉ compagnie. *Capitaine*, DE CALVAYRAC DE PUJOL.
— *Lieutenant*, DESPLATS.
— *Sous-lieutenant*, DENJEAN.

3ᵉ compagnie. *Capitaine*, AUQUE.
— *Lieutenant*, D'USTON DE VILLERÉGLAN.
— *Sous-lieutenant*, GARRIC.

4ᵉ compagnie. *Capitaine*, BOUSQUET.
— *Lieutenant*, PROUHO (Bernard).
— *Sous-lieutenant*, PROUHO (Paul).

5ᵉ compagnie. *Capitaine*, AMALRIC ✻.
— *Lieutenant*, MAZAS.
— *Sous-lieutenant*, SÉGUR.

6ᵉ compagnie. *Capitaine*, D'IMBERT DE CORNEILLAN.
— *Lieutenant*, ICHARD.
—. *Sous-lieutenant*, CAMBEFORT.

7ᵉ compagnie. *Capitaine*, GRAVES ✻.
— *Lieutenant*, FIL.
— *Sous-lieutenant*, FORGUES.

www.ingramcontent.com/pod-product-compliance
Lightning Source LLC
Chambersburg PA
CBHW052148090426
42741CB00010B/2181